Road to EIKEN2' Success

英検準2級サクセスロード

尾崎哲夫

2週間キャンプ

わかるわかるN英語シリーズ ④

CD付

改訂新版

南雲堂

じこしょうかい

　読者のみなさんこんにちは。
　この本の自己紹介をします。
　この本は、英検準2級合格をめざすテキストです。
　みなさんはこれから、高校 — 大学受験 — 大学と英語の勉強を続けていきますネ。英検も5級から、4、3級、そして1級まであります。みなさんは、英検を一つの励みとして、英語に意欲的に取り組み、英語の学習を続けることができます。**英検準2級は、高校の英語の学習とほとんど重なっています。この本は、高校で習う英語の勉強をなぞるように、平行して勉強できるように書きました。**
　高校の学習に沿って、ムリ・ムダなく勉強できるように書き進めました。この本を勉強すると、**学校の中間・期末テストにもきっと役立つでしょう。**
　みなさんがすぐそばにいて、私といっしょに勉強していると考え、学校や授業の口調で書き進めました。
　黒板やイラストを見ながら、楽しく最後まで勉強してください。
　合格したら（惜しくも失敗しても）下記の住所に手紙をください。返事は必ず書きます。

〒234　横浜市港南区日野南4－15－3
　　　　尾崎哲夫

　それでは今度は『**英検2級**』でお会いしましょう。

付記

　編集担当者として努力を惜しまれなかった、南雲堂編集部大井理江子さんに、この場を借りて心から御礼申し上げます。企画の段階からご援助して下さった、南雲一範社長にも御礼申し上げます。
　最後に、様々な援助をして下さった、アシスタントの久永祥子、池絵里子、岡田知美、野村奈津子のみなさんにも感謝申し上げます。

メ　モ

　この本は、英検各級にまたがるシリーズの中の1冊です。
　例えば動名詞を説明するときに、私が説明する方法は一つです。その方法が一番わかりやすいと考えているからです。
　動名詞は、準2級編にも3級編にも出てきます。結果的に、動名詞についての同じ説明を繰り返すことになります。準2級を勉強しているときに、3級編で学んだ説明がまた出てきたら、ちょうどよい復習だと思って確認してください。

もくじ

1時間目	動名詞	7
2時間目	不定詞	23
3時間目	分詞	37
4時間目	分詞構文	45
5時間目	比較	55
6時間目	仮定法	73
7時間目	接続詞	85
8時間目	前置詞	105
9時間目	会話表現	117
10時間目	必勝!! 練習問題	123

この本の使い方

- まず、1時間目の本文をよく読んでください。英文が出てきたら、5回声を出して読んでください。
- もう一度本文を読み直し、この時はすべて覚えるようにしてください。(英文が出てきたら5回音読)
- 次に練習問題です。最初は本文を見ないで、テストのつもりでやってみましょう。
- 答えあわせをしていて、正解だったら✓印を左ページの問題番号に打ちます。
- もう一度本文を覚え直し、練習問題の✓印のついていないところに挑戦してください。

推薦したい本

(1) 『英検準2級単語集パートナー』(東洋経済新報社)
　　英検準2級対策の単語集

(2) 『ジーニアス英和辞典』(大修館)
　　定評あるすぐれた辞典

(3) 『英検準2級エクスプレス』(南雲堂)

(4) 『英検準2級合格プログラム』(三修社)

1時間目

動名詞

1　メイ・ケイ・フクの中の動名詞

動名詞・不定詞・分詞（分詞構文を含む）を、**準動詞**と呼んでいます。いずれも、**もとは動詞**で、**名詞・形容詞・副詞の働きを持つようになった**ものです。
半分が動詞で、半分が名詞・形容詞・副詞だと考えて下さい。
なお、名詞・形容詞・副詞は**メイ・ケイ・フク**のトリオと覚えて下さい。「メイ・ケイ・フク」「メイ・ケイ・フク」と、トイレの中で十回呪文を唱えて、そのあと三回紙に書いてその紙をゴックンと飲み込むと、一生忘れませんヨ。

2 動名詞とは？

さて、**動名詞は動詞の性質を保ちながら、名詞の働きをするようになったもの**です。

```
I  enjoyed  playing  soccer  yesterday.
S    V₃       O
              ↓ 動名詞が目的語になっている。
               目的語になれるのは名詞の仲間。
(私は、昨日、サッカーを楽しんだ)
```

3 名詞の働き

それでは名詞の働きとは何でしょう。
名詞の働きは次の四つです。

```
① 主語になる
② 目的語になる    } S.O.Cになれる！
③ 補語になる
④ 前置詞の目的語になる   前置詞のOになる！
```

それでは一つずつ説明していきます。
次のページを見て下さい。

4　主語になる名詞

主語は、主題になる語で、文頭に位置する人間などですね。
IやYou、あるいはTomなどですね。
動名詞は、名詞の働きを持つようになった結果、主語にもなれるんです。

> Speaking Japanese is not hard for Jill.
> 　　　S　　　　　　　　V₂　　C
> 　　↓　動名詞は名詞の働きを持つので主語になれる！
> （日本語を話すことは、ジルにとって困難なことではない）

5　目的語になる名詞

目的語は、動詞の動作の目的物・対象物になるものです。
動名詞も目的語になります。

> I have finished reading the book.
> S　　　V₃　　　　O
> 　　　　　　　↓ 動名詞は名詞の働きを持つので
> 　　　　　　　　目的語になれる！
> （私は、その本を読み終えた）

6 補語になる名詞

次は、動名詞が補語になる場合です。

> My hobbies are eating and sleeping.
>   S   V₂   C
>
> 動名詞は名詞の性格を持つので補語になれる。
>
> (私の趣味は、食べることと寝ることです)

7 前置詞の目的語になるケース

これはちょっとムズカシイです。
前置詞は、名詞の前に置かれる詞です。
動名詞が、前置詞の目的語になることもあります。

> He objected to paying money.
>   前置詞 前置詞の目的語
>
> (彼は、お金を払うことに反対した
>   —— 自分が払うことをイヤがった)

8　動名詞の完了形

前のページまでは、動名詞の名詞の働きを説明しました。
今度は、動詞の働きです。

動名詞は、動詞の働きを保っているので、完了形を持っています。
完了形とは、主語の述語動詞より、一つ以前の時制を示します。
現在完了とは、無関係です。

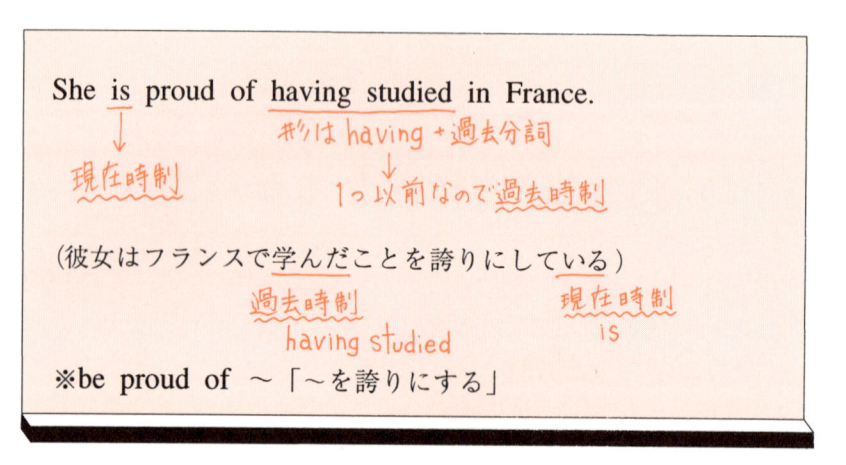

She is proud of having studied in France.
　　↓　　　　　　　形は having + 過去分詞
　現在時制　　　　↓
　　　　　　　　1つ以前なので 過去時制

（彼女はフランスで学んだことを誇りにしている）
　　　　　　　過去時制　　　　　　　現在時制
　　　　　　having studied　　　　　　is

※be proud of 〜「〜を誇りにする」

9 動名詞の否定

動名詞の否定とは、動名詞の意味の内容だけを否定するものです。文全体を否定する否定文と区別して下さい。
否定とは「～でない」と打ち消すことです。
① 動名詞の否定　→　動名詞の意味だけを否定する
② 否定文　→　文全体を否定する

She is proud of not being poor.
　　　　　　　　　↓ 動名詞
　　　　動詞の直前に not をポンと置くだけ

（彼女は、貧しくないことを誇りにしている）

上の英文を下の黒板の否定文と比べましょう。

She is not proud of being poor.
普通の否定文　　　　普通の動名詞
なので be 動詞
の後ろに not

（彼女は、貧しいことを誇りにしていない）

10 動名詞の慣用パターン→英検準2級に超出る

次に英検準2級にいちばんよく出る動名詞の慣用パターンをマスターしてしまいましょう。

決まったワンパターンのものですから、十回ぐらい音読して、二、三回紙に書いて覚えましょう。

必ず例文ごと覚えて下さいね。

※下の黒板で、Ving というのは動詞の語尾に ing がついているという事です。例えば、calling, shopping などです。V は動詞を表します。

① **Go Ving** 「Vしに行く」
  My father **went fishing** in the sea yesterday.
  (父は、昨日海に釣りに行った)

② **feel like Ving** 「Vしたい気がする」
  I **felt like crying** last night.
  (私は、昨晩、泣きたい気がした)

③ **cannot help Ving** 「Vせざるを得ない」
  ＝ **cannot but V**
  I **cannot help complaining** of his manners.
  (私は、彼のマナーに対して不平を言わざるをえません)
  ＝ I **cannot but complain** of his manners.

④ **look forward to Ving** 「Vすることを楽しみにする」
  I am **looking forward to seeing** you again in Japan.
  (私は、またあなたに日本でお会いできることを楽しみにしています)

1時間目　動名詞

⑥ **object to Ving**「Vする事に反対する」
The girl **objected to making** a speech in English.
(その少女は、英語でスピーチすることをいやがった)

⑦ **on Ving**「Vするとすぐに」
I fell asleep **on going** to bed.
(床につくとすぐに寝てしまった)
= I fell asleep **as soon as** I went to bed.

✎　go to bed　床につく布団の中に入る
　　fall asleep　眠りに落ちる
　　つまり、go to bed してから fall asleep するわけ！

練習問題

♣ (　) に適語を入れよ♣

① I can't (　) loving him.
  = I (　) (　) (　) him.
  （私は彼を愛さずにはいられない）

② I (　) (　) (　) (　) talking with her.
  （私は彼女と話したくない）

③ He is (　) (　) (　) going on a date with his girlfriend.
  （彼はガールフレンドとデートすることを楽しみにしています）

④ My elder brother (　) (　) (　) taking care of children.
  （私の兄は、子供の世話をすることに慣れている）

⑤ I am (　) (　) (　) seeing (　) (　).
  （あなたと再び会えることを楽しみにしています）

⑥ My father and (　) (　) (　) in the river last Sunday.
  （父と私は、先週の日曜日に川に釣りに行った）

⑦ Jogging in the morning (　) good (　) our (　).
  （朝、ジョギングすることは、私たちの健康によい）

1時間目　動名詞

✣ヒント✣

① help には「手伝う」「助ける」の他に「避ける」という意味がある。can't help で「避けられない」→「〜せずにはいられない」

② feel like Ving を使うが、（　）が四つあります。

③ p.15参照
forwardは前。look forward で「前を見る」→「楽しみにする」

④ be used to Ving「V する事に慣れている」
助動詞の used to（過去の習慣・事実を示す）と区別することが大切。

⑤ ③と同じパターン

⑥ My father and me としないように。
to the river でなく、in the river。

⑦ 動名詞が主語になっている。
{ health　健康
{ wealth　富

✣解答✣

help
can't
but / love

do / not
feel / like

looking
forward / to

is
used
to

looking
forward / to
you / again

I / went
fishing

is / for
health

練習問題

❖ (　) に適語を入れよ ❖

① We enjoyed (　) (　) (　) (　).
　（私たちは、海で水泳を楽しんだ）

② They (　) talking when I entered the room.
　（私が部屋に入ると、彼らは話をやめた）

③ There is (　) denying the fact.
　= We can't (　) the fact.
　= (　) (　) (　) to deny the fact.
　（その事実を否定することはできない）

④ It is (　) (　) trying to persuade my father.
　= It is of (　) (　) (　) try to persuade my father.
　（父を説得しても無駄である）

⑤ (　) entering the room, the girl began to cry.
　= No (　) had the girl entered the room than she began to cry.
　（部屋に入るとすぐに、その少女は泣き始めた）

⑥ Watch your step (　) going down the steps.
　（階段を降りる際に足元に気をつけて下さい）

1時間目　動名詞

❖ヒント❖
① enjoy は動名詞を目的語にとる。
　「海で」は in the { sea / ocean 　※必ず the を付ける

② { stop Ving 「V することを止める」
　　stop to V 「V するために立ち止まる」
　　　　　　　「V するために動作を止める」

③ 三つの書き換えをマスターしよう。
　deny は、デナイ→「否定する」と覚えよう！

④ It is no use Ving 「V しても無駄である」
　use には「利益」「便利」という意味がある。
　no use で「無駄」
　※persuade「説得する」

⑤ 有名な書き換えパターン。
　下段は強調倒置。強調語の no sooner が文頭
　に来ている。sooner の er は比較級を示す。
　だから後ろに than が来る。

⑥「〜する際に」→「〜するときに」→ in Ving
　Watch your step when you go down
　the steps. と書き換えられる。
　※step「ステップ」「階段」

❖解答❖
swimming
in / the
sea (ocean)

stopped

no / deny
It / is
impossible

no / use
no / use
to

On
sooner

in

練習問題

♣ (　) に適語を入れよ ♣

① Seeing is (　　).
　（見ることは信じること→見ることが確か）

② He likes (　　) and (　　).
　（彼はスキーをすることと、走ることが好きだ）

③ (　　) reaching the house, he made a phone call.
　= (　　)(　　) as he (　　) the house, he made a phone call.
　（家に着くとすぐに、彼は電話をした）

④ My father (　　)(　　) my studying abroad in Canada.
　（父は、私がカナダへ留学することを反対した）

⑤ (　　) and (　　) are my son's hobbies.
　（食べることと寝ることが、うちの息子の趣味です）

⑥ She insisted on (　　) a speech in French.
　（彼女はフランス語で演説をすると主張した）

⑦ She is (　　) at (　　) a song.
　（彼女は、歌を歌うことが得意です）

1時間目　動名詞

❖ヒント❖
① 有名なことわざの知識を問う問題。
　 日本では「百聞は一見に如かず」と言う。
　（百回聞くより一回見る方が確か）

② like の目的語が動名詞。
　 'ski' や 'run' の ing 形の正確な知識も大切。

③ on Ving「V するとすぐに」
　 = as soon as S'+V'　p.15参照
　 make a phone call「電話する」

④ p.15参照
　 study abroad「留学する」
　 go abroad「海外に行く」

⑤ 二つの動名詞が主語になっている。

⑥ insist on Ving「V する事を主張する」
　 ※make a speech「演説する」

⑦ be good at Ving「V する事が得意である」
　 sing a song「歌を歌う」

❖解答❖
believing

skiing
running

On
As / soon
reached

objected
to

Eating
sleeping

making

good
singing

ステップアップ

🍎🍎🍎🍎🍎 とにかく単語を増やそう 🍎🍎🍎🍎🍎

【 数や量を示すもの 】

☞ 数えられる名詞につくもの

- ➤ a number of … かなり多くの
- ➤ many … 多くの
- ➤ several … 数個の
- ➤ a few … 少しの、2～3の
- ➤ few … ほとんどない、ほんの少し

☞ 数えられない名詞につくもの

- ➤ a great deal of … かなり多くの
- ➤ much … 多くの
- ➤ a little … 少しの
- ➤ little … ほとんどない、ほんの少し

☞ 両方につくもの

- ➤ some … いくつかの
- ➤ lots of ⎫
- ➤ a lot of ⎬ … 多くの
- ➤ plenty of ⎭

2時間目

不定詞

1 不定詞とは？

動名詞は、動詞＋名詞　　でした。
不定詞は、**動詞**＋ { 名詞 / 形容詞 / 不定詞 } です。

動詞 + 名詞の場合を**名詞的用法**、動詞 + 形容詞を**形容詞的用法**、動詞 + 副詞を**副詞的用法**というわけです。

2 不定詞を足し算で理解する

不定詞は、足し算で考えるとよくわかります。

```
     ① I  like              私は好きです

  +  ② I          jog       私はジョギングする
  ─────────────────────────────────────────
     ③ I  like  to  jog.    私はジョギングすることが好きです
```

原則として、一つの英文に動詞は一つです。
上の足し算で、like と jog の二つの動詞があります。
like を動詞として採用し、jog を不定詞に格下げします。
結局 to jog は英文の中で、目的語の働きをするようになったので、名詞の働きを獲得しました。
そして、名詞的用法と呼ばれるわけです。

目的語は必ず名詞類です。

2時間目　不定詞

3　三用法の説明

不定詞の3用法 − 名詞的・形容詞的・副詞的用法を説明します。

① **名詞的用法**

It is hard to swim in the river.

仮主語　　　不定詞の
（形式主語）　名詞的用法が
　　　　　　真主語になっている。

（川の中で泳ぐのは大変です）

② **形容詞的用法**

I have many friends to visit in Paris.

前の名詞を説明しているので
形容詞的用法

（パリには、訪問したいたくさんの友達がいます）

③副詞的用法
I am here to help you.

この場合、意味の上から分類すると
「目的」を示しています。

（私は、あなたを助けるためにここにいるのですよ）

4　不定詞の完了形

不定詞の完了形は、不定詞の内容が述語動詞の示す時制より一つ前の場合を表します。
必ず動名詞の完了を参照して下さい。(p.12)

Robert seems to have gone fishing last week.
形は to + have + 過去分詞
述語動詞は seems で現在時制。だから完了形不定詞 to + have + 過去分詞 (gone) は過去時制を示す。
（ロバートは、先週、魚釣りに行ったみたいです）
= It seems that Robert went fishing last week.

上の英文で、魚釣りに行ったのは先週（過去）です。そして、そのように見えているのは今（現在）のことです。

5 不定詞の否定

不定詞の否定は、不定詞の部分だけを否定するものです。
文全体を否定する否定文と区別して下さい。
これも、必ず動名詞の否定を参照して下さい。(p.13)

---

① I was told not to speak Japanese in the classroom.

　　　to speak は「話す」
　　　not to speak は「話さないよう」

（私は、教室で日本語を話すな、と言われた）

② I was not told to speak Japanese in the classroom.
　　　　　↓　　　　　　　↓
　　　普通の否定文　　*普通の不定詞*

（私は、教室で日本語を話せ、とは言われなかった）

6 不定詞の慣用パターン

不定詞にも慣用パターンがあり、やはり英検によく出ます。
音読しながら、例文も覚えて下さい。

---

① **so + A（形容詞）+ as + toV**「非常にAなのでVする」
Miss Brown was so kind as to tell me how to study English.
↓
veryの意味

（ブラウンさんはとても親切なので、英語の勉強の仕方を教えてくれました）

② **A（形容詞）+ enough + toV**「非常にAなのでVする」
Miss Brown was kind enough to tell me how to study English.
↓
「十分～」

（――上と同じ――）

③ **too + A（形容詞）+ toV**「非常にAなのでVできない」
My uncle is too old to jog.
↓
「～しすぎる」

（おじさんは、非常に年をとっているのでジョギングができません）

他にも、熟語のような不定詞の慣用パターンがあります。
下の黒板にまとめておきましょう。

① to be frank with you 「率直に言って」
　= frankly speaking

② to tell the truth 「本当のことを言うと」

③ to begin with 「まず第一に」
　= first of all
　= in the first place

④ strange to say 「奇妙なことだが」

⑤ to make matters worse 「さらに悪いことには」

⑥ to do (人間、本、考え) justice 「公平に判断すると」

⑦ needless to say 「言うまでもなく」
　= It goes without saying that
　Needless to say, getting up early is important.
　= It goes without saying that getting up early is
　　important.
　（言うまでもなく、早起きは大切です）

⑧ to be brief 「手短に言うと」

練習問題

✤ ( ) に適語を入れよ ✤

① ( ) ( ) ( ) ( ) ( ), I don't want to talk to you any ( ).
（率直に言って、私はもうあなたと話したくない）

② ( ) ( ) ( ) ( ) ( ) ( ), he would like to ( ) married ( ) you.
( ) ( ) brief, he wants to ( ) you.
（かいつまんで言えば、彼はあなたと結婚したいんです）

③ ( ) ( ) the ( ), I can't speak English.
（実を言うと、私は英語を話せません）

④ ( ) ( ) matters worse, her mother fell ill.
（さらに悪いことに、彼女の母は病気になったんです）

⑤ I want ( ) ( ) ( ) ( ) early every day.
（私は、あなたに毎日早起きして欲しいのです）

⑥ The teacher told ( ) ( ) ( ) go out of the classroom.
（その先生は、その少年に教室から出ていくように告げた）

2時間目　不定詞

❖ヒント❖

① Frankly speaking も同じ意味だが、（　）が5つある。
not 〜 any more「もうこれ以上〜ない」

② 解答の to make a long story short を直訳すると「長い話を短くすると」
(get married to / marry) 〜 =「〜と結婚する」

③ p.29参照
truth「真実」

④ matter「物事」「事件」
解答の To make matters worse を直訳すると「物事をさらに悪くすると」
(fall / become) ill「病気になる」

⑤ get up early「早起きする」

⑥ 第五文型だと考える。
不定詞の部分が補語になっている。
go out「出て行く」「外出する」

❖解答❖

To / be frank / with you / more

To / make a / long story / short
get / to
To / be
marry

To / tell truth

To / make

you / to get / up

the / boy to

練習問題

♣ (　) に適語を入れよ♣

① It is (　) (　) (　) to (　) (　) (　).
（私にとって、ピアノを弾くことは簡単です）

② I would like to know (　) and (　) to eat lunch.
（私は、いつどこでランチを食べたらよいのか知りたいです）

③ To (　) (　), you have to (　) (　) a rule
(　) (　) (　) early.
= First (　) (　), you must (　) a point (　)
(　) (　) early.
（まず第一に、あなたは早起きの習慣を身につけなければならない）

④ They go to high school (　) (　) to study English.
= They go to high school (　) that they (　) study English.
= They go to high school (　) (　) purpose
(　) (　) English.
（彼らは英語を学ぶために、高校へ通う）

⑤ We eat (　) (　), not (　) (　) (　).
（我々は生きるために食べるのであって、食べるために生きるのではない）

2時間目　不定詞

✤ ヒント ✤

① 形式主語（仮主語）構文を使う。
　play the piano の the を忘れぬよう。
　to 以下が真主語（本当の主語）
　It は仮主語（形式主語）

② 疑問詞 + to 不定詞「〜すべき」を使う。
　例：where to study「どこで勉強すべきか」

③ to begin with = first of all
　= in the first place
　p.29参照
　make it a rule to V ┐「Vすることを
　make a point of Ving ┘　　習慣にする」

④「〜するために」= 目的を示すパターン
　for the purpose of ┐
　with a view to 　　├〜「〜するために」
　with the aim of　 ┘

⑤ not の前に We do が略されている。
　有名な表現です。

✤ 解答 ✤

easy
for / me
play
the / piano

when
where

begin / with
make / it
to / get / up
of / all
make / of
getting / up

so / as
so / may
for / the
of / studying

to / live
live / to
eat

練習問題

❖ (　) に適語を入れよ ❖

① The boy was (　) (　) (　) run.
　= The boy was so (　) (　) (　) (　) not run.
　（その少年はとても疲れていたので走れなかった）

② (　) give me (　) (　) (　).
　（どうか私に何か飲むものを下さい）

③ (　) (　) this question is difficult.
　（この質問に答えることは困難です）

④ I told (　) (　) (　) (　) a (　).
　（私は息子に風呂に入るように告げた）

⑤ I have (　) (　) of books (　) (　).
　（私には、読むための本がたくさんある）

⑥ I (　) sorry (　) (　) that.
　（それを聞いて残念です）

⑦ This book is (　) difficult (　) children (　) (　).
　（この本は、子供にとっては難しすぎて読めません）

2時間目　不定詞

❖ヒント❖

① p.28参照
　the boyがhe に代わる点も注意（下段後半）

② something ｛to drink 「何か飲むもの」
　　　　　　　 to eat 「何か食べるもの」

③ 不定詞の名詞的用法が主語になっている。
　difficult = hard =「困難な」

④ take a bath「風呂に入る」

⑤ a lot of = lots of = plenty of
　=「たくさんの」

⑥ I am sorry.｛「ごめんなさい」
　　　　　　　 「気の毒です」
　　　　　　　 「残念です」

3つとも正確に覚えよう！

⑦「〜すぎる」➡ too

❖解答❖

too / tired
to
tired / that
he / could

Please
something
to / drink

To / answer

my / son
to / take
bath

a / lot
to / read

am
to / hear

too / for
to / read

ステップアップ

🍎🍎🍎🍎🍎 とにかく単語を増やそう 🍎🍎🍎🍎🍎

【 同意語 】

☞ 助動詞

- can = be able to … 「〜できる」（可能）
- will = be going to … （未来）
- must = $\begin{pmatrix} \text{have} \\ \text{has} \end{pmatrix}$ to … 「〜しなければならない」（義務）
- needn't = $\begin{pmatrix} \text{don't} \\ \text{doesn't} \end{pmatrix}$ have to

☞ 動詞

- end = finish … 「終わる」
- enjoy oneself = have a good time … 「楽しく過ごす」
- enter = go into … 「中に入る」
- like = be fond of … 「好きだ」
- meet = see … 「会う」
- reach = $\begin{pmatrix} \text{arrive} \begin{pmatrix} \text{in} \\ \text{at} \end{pmatrix} \\ \text{get to} \end{pmatrix}$ … 「〜に着く」
- shut = close … 「閉じる」
- start = begin … 「始める」
- visit = $\begin{pmatrix} \text{call on （人）} \\ \text{call at （場所）} \end{pmatrix}$ … 「訪問する」

☞ 形容詞

- big = large … 「大きい」
- difficult = hard … 「難しい」
- ill = sick … 「病気の」
- many,[much] = a lot of, lots of, plenty of … 「多くの」
- quiet = silent … 「静かな」

3時間目

分詞

1 分詞とは？

分詞は、動詞の働きを残しつつ形容詞の性格を持つようになったものです。
分詞には、**現在分詞**と**過去分詞**があります。
現在分詞は動詞のオシリに**ing**、過去分詞は**ed**をつけます。

まず形容詞の性格から学びます。

2 形容詞とは？

形容詞は、名詞を形容する詞です。
名詞を形容するというのは、名詞を説明・修飾することです。
名詞にオシャレするのです。
まず、形容詞の二つの用法を理解することが超大切です。

---

① Tom Cruise is handsome.
　　S　　　V₂　　C

　　　　　　　　形容詞が補語
　　　　　　　　になっている

② Tom Cruise is a handsome actor.

　　　　　　　　形容詞が名詞 (actor) を
　　　　　　　　説明修飾している。

(①トム　クルーズはハンサムだ)
(②トム　クルーズはハンサムな男優だ)

3時間目　分詞

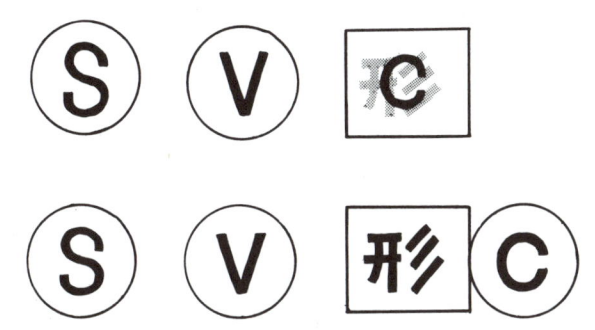

S V [形C]

S V [形] C

前ページの黒板のように、**形容詞には ① 補語になる用法（叙述用法）
と　② 名詞を直接説明する用法（限定用法）の二つがあるのです。**
それでは、この形容詞の二用法を分詞に当てはめます。
だって、分詞は形容詞の性質を持っているのですから。

3　補語になる場合

　まず、補語になる用法を説明しましょう。

❦ 補語になる用法 ＝ 叙述用法 ❦

① 現在分詞
　　He came running.
　　S　V₂　　C
　　　V₂は第2文型　　現在分詞が補語になっている
　（彼は走りながら来た）

② 過去分詞
　　Jack stood surrounded by the students.
　　S　　V₂　　C
　　　　　　過去分詞が補語になっている
　（ジャックは、学生達に囲まれて立ちつくしていた）

4　名詞を直接説明する場合

前ページの黒板では、running と surrounded が補語になっています。次は、名詞を直接説明するパターンです。

❀名詞を直接説明する用法＝限定用法❀

① **現在分詞**
　Will you take care of the sleeping baby ?

　　　　　　　　　　　　　　現在分詞が後ろの名詞を
　　　　　　　　　　　　　　説明している。

　（その眠っている赤ん坊の世話をしてくれますか）

② **過去分詞**
　I must repair that broken radio.

　　　　　　　　　　過去分詞が直後の名詞
　　　　　　　　　　を説明している。

　（私は、その壊れたラジオを修理しなければならない）
　※repair ＝ mend ＝ fix ＝ 「修理する」

上の黒板では、sleeping と broken が名詞の直前に置かれ、名詞を直接、説明・形容しています。

でも、**名詞の後に置かれる場合もあるんですよ。**
分詞が、仲間をつれてナガーくなった場合は、名詞の後に置かれます。
長すぎるので、遠慮して名詞の後に引っ込むのですね。
次のページを Look at !

3時間目　分詞

① 現在分詞
I will play tennis with the girl running here.
　　　　　　　　　　　　　　　　直前の名詞を説明

（僕は、こっちへ走ってくる女の子とテニスをするんだ）

② 過去分詞
My father is going to give me a personal computer made in America.
　　　　　　　　　　　　　　　　直前の名詞を説明

（父は、アメリカ製のパソコンを僕にくれるんだ）

練習問題

♣ (　　) に適語を入れよ ♣

① This is a letter (　　) (　　) (　　).
（この手紙はフランス語で書かれた手紙です）

② A man (　　) Brown came (　　) meet (　　).
（ブラウンという名前の人があなたに会いに来た）

③ I couldn't make myself (　　) in English in England last month.
（私は先月イギリスで、英語で自分を理解してもらえなかった）
※自分の英語が通じなかった

④ I have a camera (　　) (　　) Germany.
（私はドイツで作られたカメラを持っている）

⑤ I heard my name (　　).
（私は自分の名前が呼ばれるのを聞いた）

⑥ I know the students (　　) (　　) (　　) over there.
（私は、向こうでギターを弾いている学生達を知っています）

3時間目　分詞

❖ヒント❖
① 「書かれた」→ 受け身 → 過去分詞

② A man named ～「～という名の人」と覚えてしまおう。

③ make myself understood
　　　「自分を（他人に）理解させる」

④ 「作られた」→ 受け身 → 過去分詞

⑤ 「呼ばれる」→ 受け身 → 過去分詞
　 I heard my name called.
　 S　V5　　 O　　　 C
　　　　O-C間に S'+V' 関係がある
　　　　my name is called
　　　　　　S'　　　　V'

⑥ 「弾いている」→ 能動 → 現在分詞
　 三つの（ ）が直前の名詞 students にかかっている。（説明している）

❖解答❖
written
in / French

named
to / you

understood

made / in

called

playing
the / guitar

43

ステップアップ

とにかく単語を増やそう

【 同意語 】

☞ 名詞

- journey = travel, trip　　旅
- ship = boat　　船
- shop = store　　店
- test = examination　　試験
- vacation = holiday　　休日
- visitor = guest　　客
- child = kid　　子供

【 反対語 】

☞ 動詞

- begin ⇔ end, finish　　始める ↔ 終える
- ask ⇔ answer　　たずねる ↔ 答える
- give ⇔ take　　与える ↔ 取る
- open ⇔ close,shut　　開く ↔ 閉じる
- pull ⇔ push　　引く ↔ 押す
- remember ⇔ forget　　思い出す ↔ 忘れる
- sell ⇔ buy　　売る ↔ 買う
- stand (up) ⇔ sit (down)　　立つ ↔ 座る
- work ⇔ play　　働く ↔ 遊ぶ

☞ 形容詞

- kind ⇔ unkind　　親切な ↔ 不親切な
- long ⇔ short　　長い ↔ 短い
- many [much] ⇔ few [little]　　多くの ↔ 少しの
- new ⇔ old　　新しい ↔ 古い
- rich ⇔ poor　　富んだ ↔ 貧しい
- same ⇔ different　　同じ ↔ 違う
- strong ⇔ weak　　強い ↔ 弱い
- tall ⇔ short　　背が高い ↔ 背が低い
- useful ⇔ useless　　役立つ ↔ 役立たない

4時間目

分詞構文

1 分詞構文とは？

分詞構文は、分詞の仲間ではありますが、動詞の性質を残しつつ副詞の働きをします。（p.8参照）
分詞構文は、英文をなるべく短くするためにあると考えて下さい。英文をたくさん書くと、シャープペンの芯が減りますし、たくさんしゃべるとおなかがすきますからね。

① When she entered the room, she began to sob.
　　　　　→主節 she と一致しているので不要。だからカット。
② When ~~she~~ entered the room, she began to sob.
　↓接続詞 when はなくてもいいのでカット。

③ ~~Entered~~ the room, she began to sob.

④ Entering the room, she began to sob.
　　ing の方が言いやすいので ing 形にする。
　　　　　　　　　　　　（現在分詞）

（部屋に入ってくると、彼女はシクシク泣き出した）
※　cry 　「声を出して泣く」、
　　sob 　「シクシク泣く」、
　　weep 　「泣く」

2　be動詞の場合

be 動詞の場合は、**being** を使えばよいわけです。
下の黒板を look at!

① As he is a boy, he likes soccer.
　↳ 接続詞 as をカット

② He is a boy, he likes soccer.
　↳ 主節の he と一致しているので He をカット。

③ Is a boy, he likes soccer.

④ Being a boy, he likes soccer.

（少年なので、彼はサッカーが好きだ）

3 分詞構文の様々な意味

p.46の例文は、when 〜 なので「**時**」を表しています。
前頁の例文は、as 〜 なので「**理由**」を表しています。
他にも、様々な意味を表現します。

次の分詞構文は「**譲歩**」を示しています。

① Though I admit what you say, I don't think that you are right.

② Though I admit what you say, I don't think that you are right.

接続詞をカット　　主節の主語と一致しているのでカット

③ Admit what you say, I don't think that you are right.

ing形の方が言いやすいので現在分詞形にする

④ Admitting what you say, I don't think that you are right.

（あなたの言うことを認めるにしても、あなたが正しいとは思わない）
※admit「認める」

4 条件を表現する場合

分詞構文は「**条件**」を表す場合もあります。
条件というのは、「もし～ならば」とか「もし～でないならば」などの意味ですね。
文頭に、if や unless を使います。
unless ＝ if ～ not で、「もし～でないならば」という意味です。

① If you turn to the right, you will find Teikyo University.

② If you turn to the right, you will find Teikyo University.
　接続詞をカット　　　主節の主語と一致しているのでカット

③ Turn to the right, you will find Teikyo University.
　Turning（ing形の方がリズムが Good！）

④ Turning to the right, you will find Teikyo University.

（もし右にまがると、帝京大学が見えるでしょう）

5 分詞構文の慣用表現

これも、英検によく出ます。
やはり音読しながら、例文のあるものは例文ごと記憶して下さい。
それぞれの単語の意味も確認しながら、いっしょに覚えて下さい。

①**frankly speaking**「率直にいって」
= **to be frank with you** (p.29参照)
Frankly speaking, I don't want to speak English in Japan.
(率直に言って、私は日本では英語を話したくない)

②**strictly speaking**「厳密にいって」
Strictly speaking, you are in the wrong.
(厳密に言えば、あなたが間違っている)
※strict「厳密な、厳しい」

③**generally speaking**「一般的にいって」

④**weather permitting**「お天気が許せば→お天気がよければ」
※permit = admit =「許す」

⑤**judging from**～「～から判断すると」
Judging from what he says, his father will not allow him to study abroad.
(彼の話振りから判断すると、彼の父は彼が留学することを許さないだろう)

4時間目　分詞構文

⑥ **considering** 〜「〜を考慮すると」
Considering his age, he is quite intelligent.
（彼の年齢を考慮すると、彼はかなり知的だ）
※intelligent「知的な」

練習問題

❖ (　　) に適語を入れよ ❖

① (　) (　) (　), you will see the sea.
（橋を渡ると海が見えます）

② Seeing a policeman, the thief
　When (　) (　) (　) a policeman, he (　) (　).
（警官を見たので、ドロボーは逃げた）

③ (　) (　), he is not so handsome.
　= (　) (　) (　) (　) (　), he is not so handsome.
（率直に言って、彼はそんなにハンサムではない）

④ (　) speaking
　In (　)
　As a (　)　　, boys love sports.
　On the (　)
　By and (　)
（一般的に言って、少年はスポーツが好きだ）

⑤ (　) (　), the theory has not been proved yet.
（厳密に言えば、その理論はまだ証明されていない）

4時間目　分詞構文

❖ヒント❖
① 分詞構文を使う。
　　If you cross the bridge, を分詞構文にする。

② 下段を分詞構文にしたのが上段。
　　「逃げる」は run away
　　時制にも気を付けよう。
　　※ thief「ドロボー」

③ p.50参照
　　so ┤そんなに（= very）
　　　　└そう

④ 左は五つとも「一般的に」「一般的に言って」。
　　五つもあるけれど、すべて大事なので、この機会にまとめて覚えて下さい。
　　general「一般的な」
　　whole「すべての」

⑤ p.26参照
　　英文は、現在完了の受け身になっている。
　　※ theory「理論」
　　※ prove「証明する」
　　※ not 〜 yet「まだ 〜 ない」

❖解答❖
Crossing
the / bridge

the / thief
saw
ran / away

Frankly
speaking
To / be
frank
with / you

Generally
general
rule
whole
large

Strictly
speaking

ステップアップ

🍎🍎🍎🍎🍎 時制の作り方 🍎🍎🍎🍎🍎

- **現在形**
  動詞をそのまま使う。
  主語が「三単現」なら動詞の語尾に s (es) を付ける。

- **現在進行形**
  動詞の前に現在形の be 動詞を置き、動詞の語尾に ing を付ける。

- **未来形**
  動詞の前に will か be going to を置く。

- **過去形**
  規則動詞の場合は語尾に ed か d、不規則動詞の場合はその変化にしたがって変える。

- **過去進行形**
  動詞の前に過去形の be 動詞を置き、動詞の語尾に ing を付ける。

- **助動詞の文**
  動詞の前に助動詞を置く。動詞は原形になる。

- **現在完了の文**
  have, has + 過去分詞の形

- **受け身の文**
  be + 過去分詞 + by

5時間目

比較

1　比較とは

比較は、二つ以上のものを比べるパターンです。
大学や受験英検などの資格試験では、一番出題されやすいパターンの一つです。慣用表現が多い上に、問題が出しやすいからです。

比較の料理法は、
① **比較のルールにあてはめて、きっちり記憶する方法**　と、
② **こういうパターンだ（慣用表現と言います）と考えて、覚えてしまう方法**の二つです。

2　比較のルール

比較のルールの考え方は、**比較するA・B（トムとジャックなど）**と、**比較する内容X（身長や年齢など）**を、常に明確にすることです。

　　A と B を X について比較するのです。
Keiko と Masako を年齢について比較するのです。

> Keiko is as young as Masako.
> 　A　　　　　X　　　　B
>
> （恵子は雅子と同じぐらい若い）

上の黒板のように、左右に比較するA(Keiko)とB(Masako)、ど真ん中に比較内容Xがおかれます。
真ん中のXを中心に、左右の手でバランスをとっている感じです。

3　比較のルールの応用

前ページの比較のルールを応用すると、様々なパターンを理解することができます。
下の黒板の例文では、**not** がついていますね。
比較のルールの中で、どのような位置づけになっているのでしょうか。

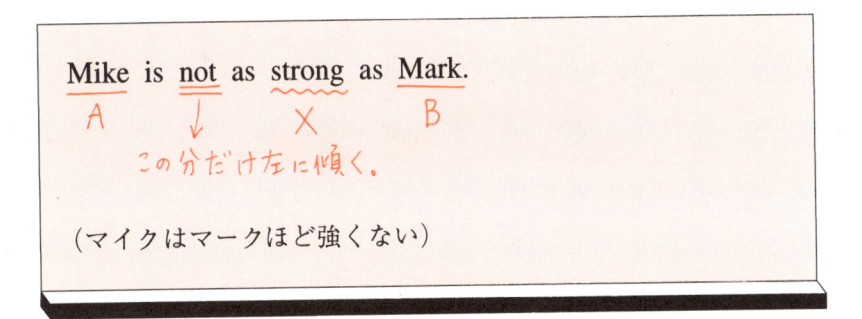

Mike is not as strong as Mark.
A　　↓　　 ×　　　　B
この分だけ左に傾く。

（マイクはマークほど強くない）

この場合、**not** がある分だけ左に傾いている感じです。

二倍、三倍、二分の一というような表現にも応用できます。

> I am twice as old as Ichiro.
> A　　　　　　X　　B
> 　　　この分傾く
>
> （私はイチローの二倍の年齢です）

AとBが長くなって、やや見分けづらくなっていることもあります。

> The population of America is twice as large as
> 　　　　　　A　　　　　　　　　　　　X
> that of Japan.
> 　　B　　　　　　この分傾く
>
> （アメリカの人口は日本の人口の二倍です）
> ※population「人口」

5時間目　比較

4　比較級

AとBに差があり、A + 形容詞er + than + B のパターンをとるのが**比較級**です。
「AのほうがBより、より形容詞」ということです。

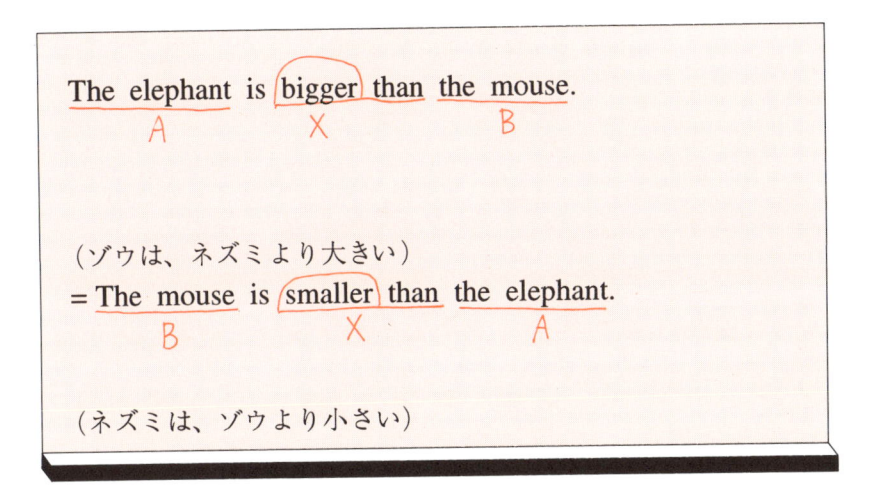

```
The elephant is bigger than the mouse.
     A           X            B

(ゾウは、ネズミより大きい)
= The mouse is smaller than the elephant.
       B         X             A

(ネズミは、ゾウより小さい)
```

上の黒板で、ゾウとネズミがAとBで、bigger がXです。
下の文では、ネズミとゾウがBとAで（AとBが逆になっていることに注意）、smaller がXです。

5 　比較級の応用

次のような形容詞の場合、比較級の er をつけると長すぎてしまうので、**er** の代わりに **more** を使います。

> Speaking English is more interesting than reading English.
>
> *more の re は比較級の er*
>
> （英語を話すことは、英語を読むことより興味深い）

ついでに most も説明すると、このような長い形容詞の最上級は **est** の代わりに **most** を使います。

> Sayuri Yoshinaga is the most beautiful lady in Japan.
>
> *most の st は最上級 est の st*
>
> （吉永小百合は、日本で一番美しい女性です）

このように more, most を使う形容詞には、次のようなものがあります。

- beautiful 「美しい」
- famous 「有名な」
- interesting 「興味深い」
- difficult 「難しい」

6 特殊な比較変化

good の比較級は、gooder ではなく better ですね。
このような特殊変化をするものを、マスターしておく必要があります。

① Telling a lie is worse than making a mistake.
　　　　　　　　　　bader ではない！

　（ウソをつくことは、ミスをするより悪い）

② Kate is less beautiful than Mary.
　　　　littler ではない。　more ⟷ less の関係

　（ケイトは、メアリーより、より少なく美しい
　　　→　ケイトはメアリーほど美しくない）

上の黒板で、worse は bad の比較級ですね。（badder とは言いません）
less は little の比較級ですね。
直訳すると「より少なく～」です。

このような形容詞を下の黒板にまとめます。

黒板

- 良い　—　good better < best
　　　　　　well
- 悪い　—　bad < worse < worst
- 少ない　—　little < less < least　→ at least「少なくとも」
- 多い　—　many more < most
　　　　　　much
- 遠い　—　far farther farthest
　　　　　　　further furthest

father「父」とまちがえないように！

late だけは、下のメモ式黒板で詳しく説明します。

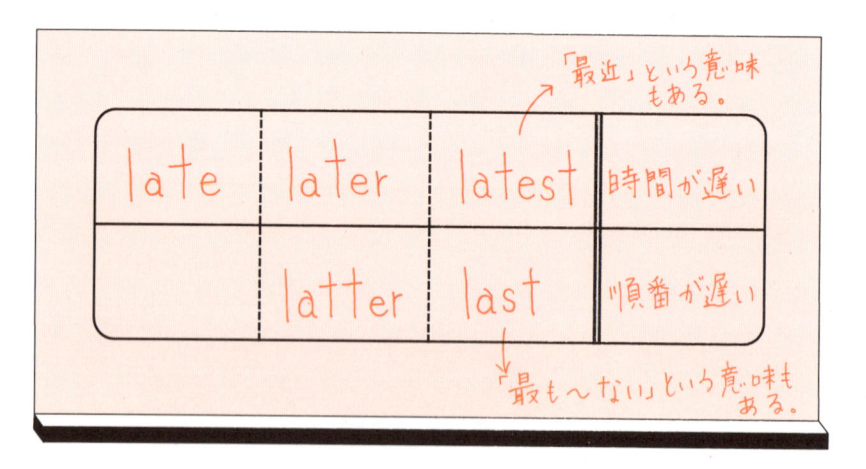

late	later	latest	時間が遅い
	latter	last	順番が遅い

「最近」という意味もある。

「最も〜ない」という意味もある。

5時間目　比較

7　最上級

最上級は、「～のなかでいちばん**X**」というパターンです。
「～のなかで最も上」と言うことですね。
ふつう、**the** + 形容詞**est** + $\begin{cases} \textbf{in} \sim \\ \textbf{of} \sim \end{cases}$ のパターンです。

Takanohana is the strongest of all.
　　　A　　　　　　　x

（貴乃花は、いちばん強い）

Mary is the most beautiful girl in the school.
 A　　　　　　　　x

most の st は最上級の st

（メアリーは、学校中でいちばん美しい少女です）

Mr. Suzuki is the best speaker of French of all.
　A　　　　　　x

best の st は最上級の st

（鈴木君は、全員の中でいちばんうまくフランス語を話します）

8 比較全体の応用

「彼は、彼のクラスの中でいちばん背が高い」という文を中心に、様々な応用パターンを練習してみましょう。

意味はすべて最上級になりますが、使われる英語のパターンは様々です。

① He is the tallest boy in his class.

（彼はクラスの中でいちばん背が高い少年です）

② He is taller than any other boy in his class.
　　　　　　　　　　　　　↓
　　　　　　　　　　　sは付かない！

（彼はクラスの中のどの少年よりも背が高い）

③ No other boy in his class is as tall as he.

直訳すると「彼のクラスのどの少年も 彼と同じくらいの背の高さではない。」

（クラスの中のどの少年も、彼ほど背が高くない）

④ No other boy in his class is taller than he.

（クラスの中のどの少年も、彼より背が高くない）

結局、①〜④のどの文も「彼はクラスの中でいちばん背が高い少年です」という意味になりますね。

9 パターンで覚えてしまう比較

ここからは、比較のルールを直接使わずに、**決まったパターン（慣用表現）**として記憶していきます。
ただし、ところどころ比較のルールを応用し、記憶しやすいようにしていきます。

① **as ～ as** { **s' can** / **possible** } 「できるだけ～する」

S'は従節の主語を示す。

You should run **as fast as you can**.
（あなたはできるだけ速く走るべきです）
※possible「可能な」

② **the 比較級 A ～, the 比較級 B ～**
「AすればするほどよりいっそうBになる」
The older we get, **the more** stubborn we become.
（私たちは歳をとればとるほどよりいっそうガンコになる）
※stubborn「ガンコな」

③ **would rather A than B**
「BするよりむしろAしたい」

rather の er は比較級の er
後ろに than があるので比較級の形式になっている。

I **would rather** die **than** obey.
（服従するよりむしろ死にたい）

④ **no more than** ～「たった～」＝ only
I have **no more than** two dictionaries.
（私は、たった二冊しか辞書を持っていない）

⑤ **not more than** ～「せいぜい～」＝ at most
I have **not more than** thirty books.
（私は、せいぜい30冊しか本を持っていない）

⑥ **no less than** ～「～も」＝ as many as
He has **no less than** five million yen.
（彼は五百万円も持っている）

⑦ **not less than** ～「少なくとも～」＝ at least
He has **not less than** four cars.
（彼は少なくとも四台の車を持っている　）

⑧ **not so much A as B**「A というよりむしろ B」
He is **not so much** a professor **as** a businessman.
（彼は、教授と言うよりむしろビジネスマンだ）
「AというよりむしろB」→「AはBほどではない」
→ A＜B → Aの負けBの勝ち

⑨ **not so much as** ～「～さえしない」
He does **not so much as** make a joke.
（彼は冗談さえ言わない）

⑩ **more A than B**「B というよりむしろ A」
She is **more** shy **than** unsocial.
（彼女は社交性がないというより、むしろ恥ずかしがり屋だ）

5時間目　比較

⑪ **prefer A to B**「BよりAが好き」
　＝ **like A better than B**

　I **prefer** rice **to** bread.
　(私は、パンよりご飯の方が好き)
　prefer の er は比較級の er。to は than の代用。

⑫ 比較級 **and** 比較級「ますます〜になる」
　I ran **faster and faster**.
　(私は、ますます早く走った)

⑬ **know better than to** V「Vするほど愚かではない」
　I **know better than to go** out on such a rainy day.
　(私は、こんな雨の日に外出するほど愚かではない)

練習問題

❖ (　　) の中に適語を入れよ ❖

① See you (　　).
　（後で会いましょう）

② Nagoya is (　　) (　　) biggest city (　　) Japan.
　（名古屋は、日本の中で3番目に大きな都市だ）

③ Takuya Kimura is (　　) of (　　) (　　) handsome men in the world.
　（木村拓哉は、世界で最もハンサムな男性の一人だ）

④ Mr. Johnson is (　　) (　　) than (　　).
　（ジョンソン氏は、私よりずっと年上だ）

⑤ I prefer soccer (　　) baseball.
　（私は野球よりサッカーが好きです）

⑥ Bill is taller (　　) (　　) other boy in his class.
　（ビルはクラスの中で、他のどの少年よりも背が高い）

⑦ She is (　　) cute (　　) beautiful.
　（彼女は美人というよりかわいい）

5時間目　比較

❖ヒント❖	❖解答❖
①決まり文句 　late < later < latest のどれかな？	later
② the＋何番＋最上級で「何番目に最上」	the / third in
③「最も〜の一つ・一人」 　　　＝ one of the 最上級 　one of the tallest boys in his class 　「彼のクラスの中で最も背の高い少年の一人」	one the / most
④比較級の強調は very ではなく much。 　than me ではなく than I。 　than I am の am が略されていると考える。	much older I
⑤ prefer A to B「B より A を好む」 　　　↑比較級　↑than の代わり 　　　の er。	to
⑥ p.64 参照 　最上級書き換えパターンの一つ。	than any
⑦ p.66 参照 　美人さとかわいさが比べられている。	more than

69

練習問題

★ (　) の中に適語を入れよ ★

① You ought (　) study (　) (　) (　) you (　).
（できるだけ一生懸命勉強すべきだ）

② (　) had (　) (　) go (　) today.
（今日は外出しない方がいいですよ）

③ He (　) better (　) to smoke too much.
（彼は、煙草を吸いすぎるほど愚かではない）

④ Please go home as (　) (　) (　).
（できるだけ早く帰宅して下さい）

⑤ My father (　) (　) (　) (　) than my mother.
（私の父は、私の母より四歳年上です）

⑥ This room is (　) (　) (　) big (　) that room.
（この部屋は、あの部屋の３倍大きい）

⑦ He is a politician (　) (　) a statesman.
（彼は政治家と言うよりむしろ政治屋です）

⑧ I have no (　) (　) four friends in Canada.
（私は、少なくとも四人の友人がカナダにいる）

5時間目　比較

❖ヒント❖

① ought to = should = 義務「～すべき」
　p.65参照

② had better の否定形は？
　go out「外出する」

③ know better than to V
　　　「V するほど愚かではない」
　※too much「多すぎる」→「しすぎる」

④ as ～ as possible のパターン (p.65)
　直訳は「可能な限りと同じくらい ～」

⑤ 先に four years を置く

⑥ three times を先に置く

⑦ A rather than B「B というよりむしろ A」
　politician →政治家と言うより政治屋の
　　　　　　　　ニュアンス
　statesman →（良い意味の）政治家

❖解答❖

to
as / hard / as
can

You / better
not / out

knows
than

soon / as
possible

is / four
years / older

three / times
as / as

rather
than

fewer
than

ステップアップ

🍎🍎🍎🍎🍎 とにかく単語を増やそう 🍎🍎🍎🍎🍎

【 反対語 】

- big ⇔ little　　　　大きい ↔ 小さい
- large ⇔ small　　　大きい ↔ 小さい
- good ⇔ bad　　　　良い ↔ 悪い
- right ⇔ wrong　　　正しい ↔ 間違っている
- absent ⇔ present　　欠席して ↔ 出席して
- bright ⇔ dark　　　明るい ↔ 暗い
- careful ⇔ careless　注意深い ↔ 不注意な
- early ⇔ late　　　　早い・早く ↔ 遅い・遅く
- far ⇔ near　　　　遠い ↔ 近い
- fast ⇔ slow　　　　速い ↔ 遅い
- first ⇔ last　　　　最初の ↔ 最後の
- glad ⇔ sorry　　　うれしい ↔ 気の毒な
- happy ⇔ unhappy　　幸福な ↔ 不幸な
- heavy ⇔ light　　　重い ↔ 軽い
- high ⇔ low　　　　高い ↔ 低い
- hot ⇔ cold　　　　暑い ↔ 寒い
- warm ⇔ cool　　　暖かい ↔ 涼しい

6時間目

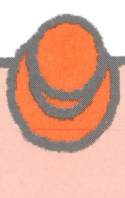

仮定法

1 仮定法とは

仮定法は、**事実に反する仮定を示す**パターンです。
普通、**if** を使います。
「もし、もっと足が長かったらもてるのになぁ」とか「もし、お金があったらベンツを買うのになぁ」のようなパターンです。

準2級には、仮定法の基本が出ます。
仮定法の主なパターンは、**仮定法過去**と、**仮定法過去完了**です。

2 仮定法過去とは

仮定法過去は、過去形を使うので仮定法過去という名前になっていますが、**英文の表す内容は現在の話**です。
「もし今十万円あったら、いますぐハワイに行くのに」のようなパターンです。

If I <u>knew</u> her address, I <u>would</u> write to her.
　　　　↓　　　　　　　　　　　↓
　　過去形の動詞　　　　　過去形の助動詞

(もし彼女の住所を知っているなら、彼女に手紙を書くのに。
　➡ 実際は知らない)

If ＋ S' ＋ 過去形のV', S ＋ { would / could / might } ＋ V 〜
　　　　↑
S'は従節の主語であることを示す。

Sは主語であることを示す。

be動詞の場合の例文も紹介しましょう。

> If I were rich, I would buy a new car.
> 　　　　↓　　　　　　↓
> 　　過去形の動詞　　過去形の助動詞
> （もし私が金持なら、新車を買うのに。
> 　➡ 実際はお金持ちではないので新車を買うことはできない）
> ＝ As I am not rich, I cannot buy a new car.
> 　　　　　　仮定法を使わないとこうなる。
> 　　　　　　現在形の動詞や助動詞が使われている点に注意。

3　仮定法過去完了とは

仮定法過去完了は、過去完了形を使うので、仮定法過去完了と呼ばれていますが、**英文の示す内容は過去の話**です。
「もし三年前、お金があったら、あの別荘を買ったのに」と言うようなパターンです。

> If I had had more money,
> 　　　過去完了形
>
> I { would / could / might } have bought the house then.
> 　　　　　　　　　独特のパターンで、
> 　　　　　　　　　過去形の助動詞＋have＋過去分詞
>
> （もしあの時お金をもっと持っていたなら、その家を買っただろうに。➡ 実際はあまりお金がなかったので買えなかった）

be動詞の場合も紹介しましょう。

If I had been younger at that time,
　　　↓
　　過去完了のパターン

I { would / could / might } have gone abroad.
　　　　　　　　　　　　↓
　　　　　　　過去形の助動詞 + have + 過去分詞

(もし、あの当時もっと若かったら海外に行っていただろうに
　➡ 実際は若くなかったので行かれなかった)
= As I was not so young at that time, I did not go abroad.
　　　　　　　　　　　　↑
　　　　仮定法を使わないとこうなる。

※ at that time「当時」
※ go abroad「海外に行く」

それでは、仮定法過去完了の形式を書いておきます。
前頁の仮定法過去のパターンと比べて下さい。

If + S' + had + 過去分詞のV', S + { would / could / might } + have + 過去分詞.

6時間目　仮定法

4　仮定法過去と仮定法過去完了の区別

この二つの区別は、超大切。下の黒板をよくマスターして下さい。

- 仮定法過去 ⇒ 名前は過去 ➡ 過去形を使うから
  - ☞ 英文の内容は現在
- 仮定法過去完了 ⇒ 名前は過去完了 ➡ 過去完了形を使うから
  - ☞ 英文の内容は過去

5　仮定法過去の慣用パターン

仮定法には慣用パターンがあり、これが英検によく出ます。

❦ もし〜がなかったらパターン ❦
if it were not for 〜
＝ **but for 〜** ＝ **without 〜**
<u>If it were not for</u> the book, I <u>could</u> not study.

　　　↓　　　　　　　　　　　↓
過去形の動詞が来ている　　　　普通の仮定法過去と同じ
ところが仮定法過去らしい。　　（過去形の助動詞がくる）

（もしその本がなければ、私は勉強できない）
＝ **But for** the book, I <u>could</u> not study.

＝ **Without** the book, I <u>could</u> not study.

6 仮定法過去完了の慣用パターン

仮定法過去完了にも、前頁のパターンとまったく同じものがあります。そのままなぞって、時制だけ一つ過去にスライドさせて下さい。

🍇 もし〜がなかったらパターン 🍇

if it had not been for 〜
= **but for** 〜　= **without** 〜

If it had not been for the book, I **could not have passed.**

過去完了形（had been）が　　　　　普通の仮定法。
含まれているところが　　　　　　　過去完了と同じ形
仮定法過去完了らしい

（もしその本がなかったとしたら、私は合格できなかっただろう）

= **But for** the book, I **could not have passed.**

= **Without** the book, I **could not have passed.**

最後に、仮定法の様々な例文を紹介しましょう。

①If you had not given me some kind advice,
　　　had given が過去完了形になっている。

　I could not have succeeded.
　　　過去形の助動詞 + have + 過去分詞

　（もしあなたが親切な忠告をしてくれなかったとしたら、
　　私は成功していなかっただろう）
　= As you gave me some kind advice, I could succeed.
　　　　　　　　　↑
　　　　　仮定法を使わないとこうなる。

②If I had had a friend in London,
　　　前の had は 助動詞 の had
　　　後の had は have の 過去分詞
　I would have visited there.

　（もしロンドンに友人がいたとしたら、ロンドンを訪問した
　　だろうに）
　= As I didn't have any friends in London I didn't
　　visit there.

練習問題

✤ ( )の中に適語を入れよ ✤

① But ( ) your help, he would be ruined.
( ) ( ) ( ) ( ) ( ) your help, he would be ruined.
（あなたの援助がなければ、彼は破産するだろう）

② I wish ( ) ( ) ( ) ( ).
（フランス語が話せたらなぁ）

③ ( ) ( ), nothing on the earth ( ) live.
（水がなければ、地球上には何も存在できないでしょう）

④ I am sorry I don't know it.
I wish I ( ) it.

⑤ ( ) a ( ) ( ) money, he ( ) ( ) ( ) the land.
（もしもう少しお金があったなら、彼はその土地を買えただろうに）

⑥ ( ) ( ) ( ) ( ) the truth ( ) ( ) ( ), I ( ) ( ) told it to you.
（もしあのとき私が真実を知っていたなら、私はあなたにそれを話していただろうに）

⑦ If I ( ) ( ) ( ), I would ( ) for it.
（もし私に充分なお金があるなら、それを払うでしょうに）

6時間目　仮定法

❖ヒント❖

① 「もし〜がなかったら」パターン。
　※ruin「破産させる」

② 「〜できたらなぁ」パターン。

③ 「もし〜がなかったら」パターン。①と同じ。
　If it were not for = But for = Without

④ 上段は普通の表現法。下段が仮定法。
　仮定法なので、意味は現在でも形は過去形を使うことに注意。

⑤ With 〜 を使う。「もし〜があったなら」
　「もし〜がなかったら」は without 。

⑥ 「あの時」は then, at that time
　仮定法過去完了を使う。

⑦ 「充分な」は enough
　「払う」pay

❖解答❖

for
If / it / were
not / for

I / could
speak
French

Without
water
could
knew

With
little / more
could / have
bought

If / I
had / known
at / that / time
would / have

had / enough
money / pay

ステップアップ

代名詞の活用

	主格 〜は	所有格 〜の	目的格 〜に,〜を	独立所有格 〜のもの
私	I	my	me	mine
あなた	you	your	you	yours
あなたたち	you	your	you	yours
彼	he	his	him	his
彼女	she	her	her	hers
それ	it	its	it	
彼ら 彼女ら それら	they	their	them	theirs
私達	we	our	us	ours
イチロー	Ichiro	Ichiro's	Ichiro	Ichiro's
ボール	the ball	the ball's	the ball	the ball's

6時間目　仮定法

〜自身は 〜セルフ = 〜self

人称数	単数		複数	
一人称	myself	私自身	ourselves	私たち自身
二人称	yourself	あなた自身	yourselves	あなたたち自身
三人称	himself	彼自身	themselves	彼ら自身
	herself	彼女自身	themselves	彼女ら自身
	itself	それ自身	themselves	それら自身

ステップアップ

🍎🍎🍎🍎🍎 三つのing 🍎🍎🍎🍎🍎

ingがつくケースは次の三つです。
この三つの区別は超大切です。

① 進行形 = 動詞の働き
　　She is reading a magazine.

　（彼女は雑誌を読んでいるところです）

② 動名詞 = 名詞の働き
　　They like fighting.

　（彼らはケンカが好きだ）

③ 分詞 = 形容詞の働き
　　I know the girl skiing over there.

　（私は、むこうでスキーをしている少女を知っています）
　　→現在分詞とその子分が直前の名詞girlを説明

　　Look at the rising sun.

　（日の出を見てごらん）
　　→現在分詞が単独で（子分なしで）直後のsunを説明

7時間目

接続詞

1 接続詞は英文の関節

接続詞は、英文の**関節の働き**をします。
英文をつなぐ働きをするのです。

等位接続詞と、**従位接続詞**の二種類あります。

2 等位接続詞

等位接続詞は、'節と節' '句と句' '単語と単語' を**連結**します。

① **節と節**をつなぐ場合
He likes playing golf, but I like playing tennis.

Heからgolfまでが一つの節。
Iから最後までがもう一つの節。

（彼はゴルフをすることが好きですが、私はテニスをすることが好きです）

② **句と句**をつなぐ場合
Tom enjoyed both singing songs and playing the piano.
　　　　　　　　　　　A　　　　　　　B

AとBが句です。

（トムは、歌を歌うことと、ピアノを弾くことの両方を楽しんだ）

③ **単語と単語をつなぐ場合**
Do you want a pen or a pencil?

(ペンが欲しいのですか、それとも鉛筆ですか)

3 等位接続詞の五人組

等位接続詞には、**and・but・or・so・for**の五人組がいます。「アンド、バット、オア、ソー、フォー」と十回呪文を唱えれば、脳ミソに張り付きます。その後、三回紙に書いて下さい。

4 熟語になる等位接続詞

等位接続詞には、上の五人組の他、熟語の一部になっているものがあります。
前のページの both A and B は「A と B 両方」という意味でしたね。他にも、次のような熟語表現があります。

①**either A or B**「A か B かどちらか」
　I want to go to **either** Canada **or** Australia.
　(私は、カナダかオーストラリアのどちらかを訪問したい)

②**neither A nor B**「A も B もどちらも〜ない」
　Hiroshi can speak **neither** English **nor** French.
　(ヒロシは、英語もフランス語も話せない)
　✎ これは、①の either A or B に not の n をつけたものです。
　また、前ページの both A and B の反対熟語とも考えられます。

③**not only A but also B**「A だけでなく B も」
　= **B as well as A**
　I bought **not only** a bat **but also** a glove.
　　　　　　　　　　A　　　　　　　B
　= I bought a glove **as well as** a bat.
　　　　　　　B　　　　　　　　A

　　　　　　　AとBの順が逆になっている点に注意！

　(私は、バットだけでなくグローブも買った)

5 従位接続詞

従位接続詞は、'主節（親の節）と従節（子の節）'を連結します。
例をとりましょう。

When I was a boy, I often played catch.
　S' V₂'　C'　　S　　　V₃　　O
When から boy までが 従節（子の節）
I から最後までが 主節（親の節）

（少年の頃、私はよくキャッチボールをした）

さて、各種の従位接続詞を学んで行きましょう。
どれもすべて大切です。

6 that

that は、英文解釈上も超大切です。

---

① 目的語として
I know that Jack loves Mary.
S　V₃　　 O

that 以下全部が目的語のかたまり。

（私は、ジャックがメアリーを愛していることを知っている）

---

② 主語として

It is certain that Jack loves Mary.
S' V₂　C　　　　　S（真主語）
↓
仮主語　　　　that以下全部が真主語のかたまり。
　　　　　　このかたまり全部を It に代入する。

（ジャックがメアリーを愛していることは、確かだ）

③ 補語として

The fact is that Jack loves Mary.
　S　 V₂　　　　C

SVCの第2文型なので
　　　　S＝Cの関係。

（じつは、ジャックはメアリーを愛しているんです）

④ 同格として

The fact that Jack loves Mary is known to everyone.
　S

the fact ＝ that以下
それで 同格 と呼ぶ。

（ジャックがメアリーを愛しているという事実をみんな知っている）

7 whether

whether A or B は、「**A** だろうが **B** だろうが」という意味です。
whether を weather（天候）と間違えないで下さいね。

> It makes no difference **whether** he comes **or** not.
>
> It は仮主語。whether 以下全部を it に代入
>
> （彼が来ようと来まいと同じことだ）
> ※difference「相違」

8 as

as は、最重要英単語のベストスリーに入るものです。
非常に大切です。

> ① 〜なので（= since = because）
> **As** she was ill, she was absent from school the day before yesterday.
>
> （彼女はおととい病気だったので学校を休んだ）
> ※the day before yesterday「一昨日」
> ※be absent from 〜「〜を欠席する」

② ～のように
Don't do **as** you were told by him.

(彼に言われたとおりにやってはだめだ)

③ ～するとき、～しながら（＝ **when**）
She kept standing **as** she was weeping.

(彼女は、泣きながら立ち続けていた)
※ keep Ving「V し続ける」
※ weep「泣く」

④ ～だけれども（＝ **though** ＝ **although**）→ 譲歩
Old **as** my father is, he is still healthy.

形容詞 + as + S' + V', S + V～
のパターンをとる。

(年をとっているけれども、父はまだ健康だ)
= { Though / Although } my father is old, he is still healthy.
※ still「まだ」

この他、**as** は様々な熟語を作ります。

① $\begin{Bmatrix} as \\ so \end{Bmatrix}$ far as ～「～するかぎり」→ 範囲・限界

As far as I can see, I can't find anything.
（見渡すかぎり、なにも見えない）

② $\begin{Bmatrix} as \\ so \end{Bmatrix}$ long as ～「～するかぎり」→ 条件

③ as $\begin{Bmatrix} to \\ for \end{Bmatrix}$ ～「～に関しては」

As for me, I don't want to eat now.
（僕について言えば、今は食べたくない）

9 since

<u>**since** も最重要英単語のベストスリーです。</u>

① ～ なので（＝ as ＝ because）p.91参照

Since I live in Tokyo, I sometimes feel like visiting the country.

（東京に住んでいるので、ときどき田舎を訪れたいと感じます）

② ～以来
　Two years have passed **since** I came here.
　　　　　　　　　　　　　↑
　　　　　　この4つの書きかえは必ず覚えましょう。
　（私がここへ来てから、二年たった）
　= It is two years **since** I came here.
　= I have lived here for two years.
　= I came here two years ago.

上の②の書き換えは、非常によく出題されます。
必ず四つとも覚えて下さい。
接続詞の説明のコーナーですが、前置詞としての since も説明しておきます。

①It has been raining **since** this morning.
　　　　　　　　　　　　　　sinceの後ろに名詞しかない
　　　　　　　　　　　　　　ので、このsinceは前置詞。

②It has been raining **since** my mother came.
　　　　　　　　　　　　　　　S'　　　　V'
　　　　　　　　　　　　sinceの後ろにS+Vの節が
　　　　　　　　　　　　あるので、sinceは接続詞。

（① 今朝から雨が降り続いている）
（② 母が来てから雨が降り続いている）

10　till ＝ until

till も、接続詞と前置詞の用法があります。
いずれも「〜まで」という意味です。
till と **until** は、まったく同じ意味です。
ただし、till は l が二つ付くのに対して、until は l が一つしか付きません。

You have to wait **till** Tom comes.
　　　　　　　　　　　S'　V'

tillの後ろにS'+V'の節が来ているので、接続詞。

（あなたは、トムが来るまで待たなければならない）

この他 till には、前に「,」が付く用法があります。

John ran and ran**, till** he came to the hill.

, till は「そして とうとう」と訳す。

（ジョンは走りに走った。そしてとうとう丘にたどり着いた）

---

till の、前置詞としての用法を説明しましょう。
意味はやはり「〜まで」でしたね。

> The meeting will continue **until** evening.
>
> untilの後ろに名詞のeveningしかないので、untilは接続詞。
>
> (その会議は、夕方まで続くでしょう)

11　though ＝ although

though と **although** は、まったく同じ意味です。
いずれも、「～だけれども」という意味です。
難しく言うと、「**譲歩**」を示します。

> <u>Though</u> she is young, she is wise.
>
> 相手に対して"そうだけれどもネェー"と譲るので「譲歩」と呼ぶ。
>
> (彼女は若いけれども賢い)

「**譲歩**」は、「～だけれども」と一歩**譲**ることです。
ですから「譲歩」と呼ぶのです。
上の文では、「**彼女は若い**」と言う事実は譲って認めつつ、「**賢い**」と言うことを主張しているのです。

上の文は、次のように書き換えられます。

　　Young <u>as</u> she is, she is wise.
　　　　P.92参照

12 while

whileは、「～のあいだ」という意味です。
同じ意味を表す前置詞に、**during**があります。
接続詞のwhile、前置詞のduringと覚えて下さい。

> I bought a jacket **while** I was staying in China.
>
> (中国にいたとき、ジャケットを買った)
> ＝ I bought a jacket **during** my stay in China.

13 because

because は、「なぜならば」という意味です。
since や as と置き換えられますね。
また 'why～と' 聞かれたら、'because～' と答えるのが普通です。

---

①Why do you love Masako?

②**Because** she is very kind.

（① なぜ、あなたは雅子を愛しているの？）
（② なぜなら、彼女はとても親切だから）

ここで、since や as との書き換えを説明しましょう。

$\begin{Bmatrix} \text{Because} \\ \text{Since} \\ \text{As} \end{Bmatrix}$ I was ill, I couldn't go out.

（病気だったので、私は外出できなかった）

いずれも、「**理由**」を表現していますね。

14 if

if は「もし〜ならば」という**意味**です。
そういえば、日本では電話をするときに「もしもし」と言いますね。中学生の頃、私は、**if** が「もし」という意味なので、「もしもし」を英語で'イフイフ'と言うと思っていました。大ボケですね。'Hello' と言うのが正解です。

<u>**If**</u> it is true, I have to apologize to him.

（もしそれが本当なら、私は彼に謝罪しなければなりません）
※apologize「謝罪する」

練習問題

✤ (　) の中に適語を入れよ ✤

① (　) he is poor, he (　) happy.
（彼は貧しいけれど幸せに見える）

② (　) (　) (　) he is innocent is known to everyone.
（彼が無実であるという事実はみんな知っている）

③ (　) you turn right, you will find a church (　) a red roof.
 = Turn right, and you will find a church (　) a red roof.
（もし右に曲がれば、赤い屋根の教会が見えるでしょう）

④ (　) you work hard, you will fail.
 = Work hard (　) you will fail.
（一生懸命働かないと失敗します）

⑤ (　) it gets dark, it becomes cold.
（暗くなるにつれて寒くなる）

⑥ You ought (　) hand in your homework by (　) (　) I come home.
（私が帰宅するまでに、宿題を提出すべきです）

⑦ Wait here (　) the bell rings.
（鐘が鳴るまでここで待て）

7時間目　接続詞

❖ヒント❖
① 「〜だけれども」＝ 譲歩
　「〜 に見える」は look 〜

② The fact that 〜
　　　　　∨
　　　　同格

③ with 〜「〜 の付いた」
　下段は、命令文 + and
　　命令文 A + and B 〜
　　「A しなさい、そうすれば B 〜」

④ unless = if not
　下段は、命令文 + or
　　命令文 A + or B 〜
　　「A しなさい、さもなければ B 〜」
　fail「失敗する」⇔ succeed「成功する」

⑤ as には「〜 するにつれて」という意味もある。

⑥ ought to = should
　by the time 〜「〜するまでに」
　hand in「提出する」

⑦ 〜まで（継続）＝ till, until

❖解答❖
Though
(Although)
looks

The / fact
that

If
with / with

Unless
or

As

to / the
time

till (until)

練習問題

♣ (　　) の中に適語を入れよ ♣

① I (　　) (a　　) (　　) you are tired.
（疲れているのではないかと心配しています）

② I (　　) (s　　) (　　) it (　　) (　　) fine tomorrow.
（私は、きっと明日晴れると確信している）

③ My mother cleaned the house (　　) we were (　　).
（母は、私たちが外出中に部屋を掃除した）

④ (　　) has (　　) warm (　　) I came here.
（私がここに来て以来、ずっと暖かい）

⑤ I am not healthy, (　　) I'm happy.
　= Though I am not healthy, I'm happy.

⑥ I ran and ran, so I got tired.
　= I ran (　　) hard (　　) I got tired.

⑦ (　　) my mother (　　) my father has a camera.
（母か父のどちらかが、カメラを持っている）

7時間目　接続詞

❖ヒント❖

① I am afraid that ～ 「～を心配している」

② I am sure that ～ 「～と確信している」

③ while　接続詞 ｝「～の間」
　 during　前置詞

④ 天候の it が主語になり文頭にくる。

⑤ 上段において、英文の前半と後半が逆の意味になっている。前半は「健康ではない」、後半は「幸せ」で意味が逆。逆接の接続詞 but を使う。

⑥ so + 形容詞 + that ～　のパターン

⑦ Both A and B 「AもBも両方」
　 Either A or B 「AかBかどちらか」
　 Neither A nor B
　　　　　「AもBもどちらも～ない」

❖解答❖

① am / afraid
that

② am / sure
that
will / be

③ while
out

④ It / been
since

⑤ but

⑥ so
that

⑦ Either
or

ステップアップ

とにかく単語を増やそう

【 形の似たものを区別しよう 】

---

where どこ　**there** そこに　**here** ここに

when いつ　**then** その時

---

there	そこ、そこに
three	3
these	これら、これらの（thisの複数形）
those	あれら、あれらの（thatの複数形）

---

through 　〜を通して、〜を通じて

though ⎫
although ⎭ 〜だけれども

✎ **Though** he is young, he is wise.
　（彼は若いけれども賢い）

8時間目

前置詞

1 前置詞とは？

前置詞は、名詞の前に置く詞です。
名詞のために生きているのです。
名詞に方向性を与えるとも言えます。
短いスペルの単語で、in，on，of，to，for，from，などです。
意味のまとまりごとに、グループにして覚えましょう。

2 時を表す前置詞

おもなものは、**on，at，in**です。
覚え方のコツを伝授しましょう。

---

① **on** ▶ 曜日

I go to church **on** Sunday.

（私は、日曜日に教会へ行く）

② **時刻のat** ▶ 短い時に使う

「アッと言う間のat」と覚えよう。

I get up **at** six.

（私は、6時に起きる）

---

③ in ▶▶ やや長い時に使う

I was born (in) March (in) 1953.

（私は１９５３年の３月に生まれた）
Autumn comes (in) September.

（秋は、９月に来る）
✎ ただし、次の四つは熟語のように覚えて下さい。
➔ in the morning「午前中」
➔ in the afternoon「午後」
➔ in the evening「夕方」
➔ at night「夜」

3　場所を表す前置詞

場所を表す前置詞には、**at，in，on，by，over，under** などがあります。

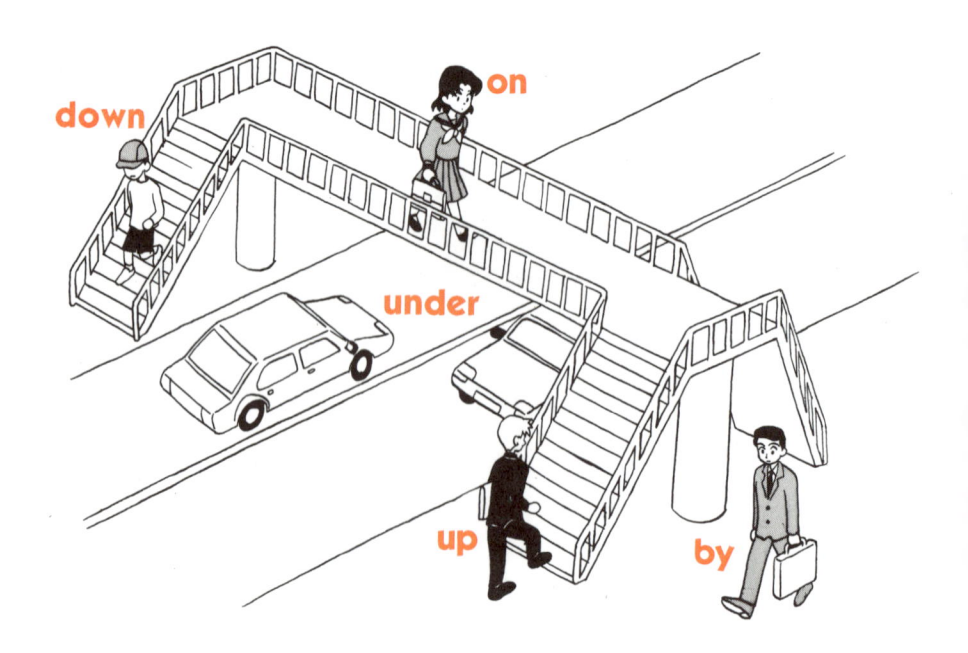

4 'まで'と'までに'の区別？

'まで' と 'までに' の区別などというと、舌を噛みそうですね。とにかく黒板を見て下さい。

① **by** ➨ 「までに」＝ 期限
 You have to hand in the paper **by** tomorrow.

  明日が期限なので今日出してもよい。(今日の方がいいくらい)

 (あなたは、明日までに論文を提出しなければならない)

② **until** ➨ 「まで」＝ 継続
 The festival will continue **until** tomorrow.

  お祭は明日まで続くはず
  (今日終わったら急に中止になってしまったことになる)

 (お祭は、明日まで続くだろう)

5　千昌夫の for と to

千昌夫という歌手の作った、おもしろいシャレがあります。
パリの駅で、ロンドン行きの切符を買うのです。
'**for** London' というと、4枚切符をくれたんです。
'**four** London' と間違えたんですね。
慌てて、'**to** London' というと、今度は2枚くれました。
'**two** London' と間違えたわけです。
困った千昌夫が、'**エエット**' というと、'**eight**' と間違えて、とうとう8枚も渡されちゃった、というギャグです。

---

①**for** ▶ 「〜に向かって」＝目的地
He left **for** Canada.

（彼はカナダに行った）
He left Japan **for** Canada.

leave A for B 「Aを出てBにむかう」

（彼は日本を出てカナダに向かった）

②**to** ▶ 「〜へ」＝方向
She went **to** school.

（彼女は学校に行った）

⟨5W1H⟩
five W one H

- **when** … いつ
  When do you eat?（あなたは、いつ食事をしますか）
- **where** … どこで、どちらに
  Where is he?（彼はどこにいますか）
- **who** … だれに、だれが
  Who are you?（あなたは誰ですか）
- **which** … どちら、どれ
  Which do you like better, tea or coffee?
  （お茶とコーヒーとどちらが好きですか）
- **why** … なぜ
  Why do you like Takuya?（なぜ拓也が好きなのですか）
  Because he is kind.（なぜなら彼は親切だから）
- **how** … いかに、どのように
  How is your sister?（妹さんはお元気ですか）
  How old is she?（彼女はいくつですか）
  How many books do you have?
  （あなたは本を何冊持っていますか）
- **what** … 何を、何が
  What time is it now?（今何時ですか）
  What is the matter with you?（どうしたのですか）
  What happened?（何が起こったのですか）
  What's new?（お元気？）
- **whom** … だれと
  Whom do you love?（あなたは誰を愛していますか）
- **whose** … だれの、だれのもの
  Whose pen is this?（これは誰のペンですか）

練習問題

♣（　）に適語を入れよ♣

① A girl (　) long hair came to see you.
（長い髪をした少女が、あなたに会いに来た）

② John is the tallest (　) the four.
（ジョンは四人のうちでいちばん背が高い）

③ John is the tallest (　) his school.
（ジョンは彼の学校でいちばん背が高い）

④ It's not easy (　) us (　) speak German.
（ドイツ語を話すのは、我々にとって簡単なことではない）

⑤ Do you go (　) school (　) bus or (　) foot?
（あなたは学校へバスで行くのですか？それとも徒歩で行くのですか？）

⑥ He left (　) Tokyo yesterday.
（彼は昨日東京にむかって出発した）

⑦ Keiko often listens (　) the radio (　) the evening.
（恵子はしばしば夕方ラジオを聴く）

⑧ There is a bank (　) the river.
（川に沿って土手がある）

8時間目　前置詞

❖ヒント❖

① with 〜 で「〜のある」「〜の付いた」

② ③
　　最上級 of その集合　（この場合は四人）
　　最上級 in その集合のいる場所
　　　　　　　　　　　（この場合は学校）

④ 仮主語（形式主語構文）

⑤　　　｛ bus　バスで
　　　　　car　車で
　　by　　taxi　タクシーで
　　　　　plane　飛行機で
　　　　　train　列車で
　　on　　foot　徒歩で

⑥ leave ｝ for 〜　「〜に向かって出発する」
　 start 　　　　　※〜に目的地が入る

⑦ listen to 〜　「〜を聴く」

⑧ along 〜　「〜に沿って」

❖解答❖

with

of

in

for
to

to
by
on

for

to / in

along

練習問題

❖ (　) に適語を入れよ ❖

① I make it a rule (　) go to church (　) Sunday.
（私は、日曜に教会に行く習慣にしています）

② I stayed (　) that hotel (　) two weeks.
（私はそのホテルに2週間滞在した）

③ I (　)(　)(　) six every morning.
（私は毎朝六時に起きる）

④ Jane came to see you (　)(　) absence.
（ジェーンは、あなたの留守中にあなたに会いに来た）

⑤ Please come here (　) ten o'clock.
（十時までにここに来て下さい）

⑥ I will meet you (　) nine (　)(　) morning
(　)(　)(　) the school (　) the gate.
（私は学校のかたわらにある門の前で、午前九時にあなたに会うつもりです）

⑦ I worked (　) morning (　) night.
（私は、朝から晩まで働いた）

⑧ I was born (　) March (　) 1963 (　) Osaka.
（私は1963年3月に大阪で生まれた）

8時間目　前置詞

✤ヒント✤	✤解答✤
① 曜日の on 　make it a rule to V 　　　　　＝「V する習慣にしている」	to / on
② 期間の for	at (in) for
③ wake up「目覚める」　get up「起きる」 　go to bed「寝床につく」 　fall asleep「眠りにつく」	get / up at
④ 〜の間　{ during 前置詞 　　　　　 while 接続詞	during (in) your
⑤ 〜までに　{ by 　　　　前置詞 　　　　　　 by the time 接続詞扱い 　↓ 　期限を表す	by
⑥ 時刻の at 　in front of 〜「〜の前」	at / in / the in / front / of by
⑦ from A { till / until } B「A から B まで」(時間)	from till (until)
⑧ be born「生まれる」	in / in in

115

ステップアップ

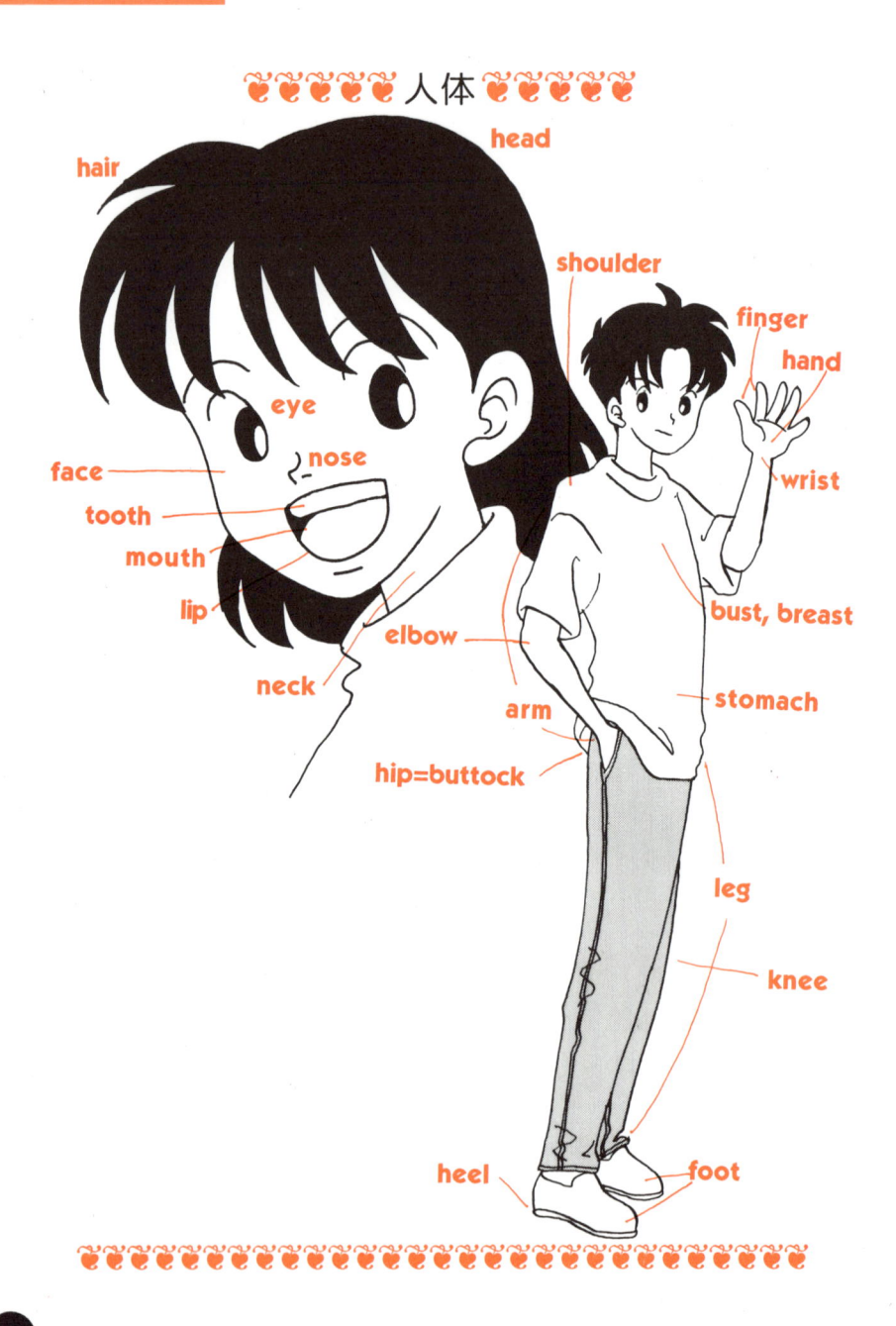

人体

- head
- hair
- shoulder
- finger
- hand
- eye
- nose
- face
- tooth
- mouth
- lip
- wrist
- neck
- elbow
- bust, breast
- stomach
- arm
- hip=buttock
- leg
- knee
- heel
- foot

9時間目

会話表現

1 会話表現と英検

英検には、会話表現が出ます。
実用的な英語をめざすわけですね。
将来、外国人と話すとき直接役立ちますから、最後の元気をふりしぼってがんばり*ing!*

2 基本の基本

会話表現の一番の基本は、「ありがとう」でしょう。

❀ありがとう❀
① Thank you $\begin{Bmatrix} \text{very} \\ \text{so} \end{Bmatrix}$ much.
　　　soはveryの意味。
② It is very kind of you.
　　　Itは仮主語。to〜が真主語。

　(①② ありがとうございます)

❀ごめんなさいなど❀
① I am sorry.
　　　アイアム ソーリー ヒゲ ソーリー！
　(ごめんなさい)
② Excuse me.
　　　excuseは「許す」という意味。
　　　Excuse meを直訳すると「私を許して」
　(失礼します)

🌿 サヨウナラ 🌿

① Good - bye.

　　　byeはbyとも書く。

　（さようなら）

② See you later.

　　　I will see you later の省略形。
　　　直訳は「後で会いましょう」

　（あとで会いましょう）

3　その他の基本

その他に、ものを頼んだりする表現がありますね。

🌿 初対面 🌿

① How do you do ?

　（はじめまして）

② Nice to meet you.

　　　It is nice to meet you の省略形。
　　　It は仮主語。to meet you が真主語。

　（お会いできるなんてステキ）

③ I am glad to see you.
　　　　　　　　↓
　　　　　　副詞的用法の不定詞。

　（お会いできて嬉しい）

4 応用表現

もう少し、応用的な表現を紹介しましょう。
　黒板

❦ものを頼む場合❦
May I ask a favor of you ?

直訳は「あなたに好意を頼んでもいいですか」

(お願いがあるんですが)
※favor ＝「好意」

❦どうしたの❦
①What is the <u>matter</u> with you ?
　　　　　　　事、事件

(どうしたのですか)
＝ Is anything the matter with you ?
②What is <u>wrong</u> ?
　　　　　まちがっている。
　　　　直訳は「何かが間違っているのですか」
(どうかしたのですか)

❦聞き直す場合❦
I beg your pardon ?
　　↓　　　　↓
「頼む」　　「許し」
(もう一度言って下さい)

5 最後のまとめ

残った表現をぜんぶまとめましょう

① Help yourself to A.

　　直訳は「Aに対して自分自身を助けよ」
　　　→「自分で自由に取れ」

（Aを自由にとって下さい）

② Make yourself at home.

　　直訳は「あなた自身を家にいるようにしなさい。」
　　　→「自分の家にいるようなつもりでくつろいで下さい」

（くつろいで下さい）

③ Remember me to A.

　　直訳は「私をAに対して覚えるようにして下さい」
　　「Aさんが私を忘れないように」→「よろしく」

（Aさんによろしく）

④ Say hello to A.

　　直訳は「Aに対してハローと言って下さい」

（Aさんによろしく）

10時間目

必勝!!
練習問題

練習問題

❖ (　) に適語を入れよ。選択肢のある場合は正しいものを選べ ❖

① [Please] (　) me to your mother.
= (　) my best (　) to your mother.
= Say (　) to your mother for me.
（君のお母さんによろしく）

② I'd (a　) it very much if you'd write to me soon.
（近いうちにお手紙をいただけると、ありがたいのですが）

③ [It's] very (　) (　) you (　) come all the way to see me (　).
（遠いところを、わざわざ見送りに来て下さってありがとう）

④ You are [quite] (　).
= Don't (　) (　).
= (　) at (　). = It's my (　)
（どういたしまして）

⑤ Will you [please or kindly] (　) me a (　)?
= May I (　) you a (　)?
= May I (　) a (　) (　) you?
（お願いがあるのですが）

⑥ We are not (　ed) to do so.
（僕たちはそうしちゃいけないことになっているんだぞ）
(　) we start today instead of tomorrow.
（明日でなく今日出発したらどうだろう）
What do you (　) I should do?
（どうすればいい？） ※各文に同じ語を入れる。

⑦ I was all (　) the plan, but they were (　) it.
（僕はその計画に大賛成だったけれど、彼らは反対だった）

10時間目　必勝問題

❖ヒント❖

① 三つの「～によろしく」パターンを覚えること。

② appreciate ┌ 評価する
　　　　　　 └ 感謝する

③ see 人 off「人を見送る」
　 all the way「わざわざ」

④ 四つの「どういたしまして」パターンを覚えよう！

⑤ p.120参照

⑥ suppose はもともと「想像する」

⑦ ┌ for ～「～に賛成」
　 └ against ～「～に反対」

❖解答❖

Remember
Give
regards (or wishes)
hello

appreciate

kind (or nice or good)
of / all / off

welcome
mention it
Not / all
pleasure

do / favo(u)r
ask / favo(u)r
ask / favo(u)r / of

suppose / Suppose
suppose

for / against

練習問題

♣ ( ) に適語を入れよ。選択肢のある場合は正しいものを選べ♣

① Do (or would) you mind my smoking?
  = Do (or would) you mind ( ) I smoke?
  (煙草を吸ってもいいでしょうか)
  Of course ( ).
  = ( ), ( ) ( ) all. = Certainly ( ).
  (ええどうぞ)

② ( ) me ( ) a quick look ( ) the picture.
  (その写真をちょっと見せて下さい)

③ Excuse me a minute. I'll be ( ) soon.
  = Excuse me a minute. I won't be ( ).
  (ちょっと失礼。すぐに戻ってまいります)

④ ( ) I ( ) you, sir?
  = ( ) can I ( ) for you, sir?
  (いらっしゃいませ、お客様)

⑤ Will ( ) be convenient for ( )?
  (あなたのご都合はよろしいですか?)

⑥ (①What ②How) did you like Kyoto?
  (京都はどうでしたか?)

⑦ (①What ②How) do you think of (or about) my hairdo?
  (私のヘアスタイルはどう?)

⑧ (①Do you think what ②What do you think) Keiko is doing?
  (恵子は何をしているところなの?)

10時間目　必勝問題

✤ヒント✤
①mindは「気にする」「イヤに思う」
　一行目の文の直訳は
　「もし私がタバコを吸ったらいやですか」
　だからNoで「イヤでない」
　　→「どうぞ」になる

②

③

④決まり文句

⑤convenient「便利な」
　日本でも「コンビニエンスストア」と
　言いますね。

⑥⑦ { How do you **like** ~
　　　What do you **think** of ~

⑧

✤解答✤
if / not
No / not / at
not

Let / have (take) / at

back / long

Can (*or* May) / help
What / do

it / you

⑥-② How
⑦-① What

② What do you think

力だめしです。
出来なかったところは、
きちんと復習しましょうね。

127

練習問題

♣ ( ) に適語を入れよ。選択肢のある場合は正しいものを選べ♣

① I am quite a ( ) around here.
（ここらへんは全く不案内なんです）

② It can't be (ed). = I can't ( ) it.
（僕にはどうしようもない（仕方ない））
　　※( ) には同じ語を入れる。

③ I'm (t) of all this.
= I'm (s) of all this. = I'm ( ) up ( ) all this.
（こんな事には、もううんざりだよ）

④ ( ) your own ( ). = It's none of your ( ).
= ( ) me alone.
= You don't ( ) ( ) to do with it.
（大きなお世話だよ）

⑤ May I try this ( )?
（これを試着してもいいですか）

⑥ ( ) did you keep us waiting outside for?
（なぜ僕たちを外で待たせたの？）

⑦ Yasuo is a bad (or poor) ( ).
（保夫は筆不精だ）

⑧ Kumiko ( ) a poor ( ).
（久美子は悪筆だ）

⑨ Yutaka is ( ) ( ) his hands.
（豊は手先が起用だ）

128

10時間目　必勝問題

✤ヒント✤
① stranger「その土地に不案内な人」

②

③

④ 決まり文句として覚えましょう。

⑤ try on ~「~を試着する」

⑥ What ~ for = why

⑦~⑨ 決まり文句として英文ごと覚えて下さい

✤解答✤
stranger

help / help

tired
sick
fed / with

Mind / business
business
Leave (Let)
have / anything

on

What

⑦ correspondent
⑧ writes / hand
⑨ clever / with

問題文を丸暗記するぐらい
繰り返しやりましょう。
がんばりing!!

練習問題

✤ ( ) に適語を入れよ。選択肢のある場合は正しいものを選べ ✤

① May I call on you tomorrow?
　Yes, by ( ) ( ).
　(明日おじゃましていいですか？　ええ、ぜひ)

② Let's play tennis.
　( ) not? = Yes, ( ).
　(テニスをしようよ。ぜひやろう)

③ Is Mayumi poor?
　(F　) (f　) it. = Not ( ) the ( ).
　(真由美は貧乏なの？　とんでもない)

④ Haven't you had [your] lunch yet?
　( ), I ( ).
　(昼食はまだなの？　いいえ、終わりました)

⑤ You have to do it right (a　　).
　(それをすぐにやらなければいけない)

⑥ Yoshiko is ( ) Kyushu.
　= Yoshiko ( ) ( ) Kyushu. ※2番目の( )は上と同じ語を入れる。
　(佳子は九州の出身だよ)

⑦ ( ) we ( ) at the station.
　(さあ、駅に着いたよ)

⑧ ( ) me the salt, please.
　= May I (t　　) you for the salt?
　(お塩を取っていただけませんか)
　( ) you ( ).
　(はい、どうぞ)

10時間目　必勝問題

✤ヒント✤
① by all means「ぜひ」

② why not「もちろん」

③ まったく～ない ｛ not at all
　　　　　　　　　far from
　　　　　　　　　anything but
　　　　　　　　　by no means
　　　　　　　　　not in the least
　　　　　　　　　not a bit

④

⑤ right away「すぐに」

⑥

⑦⑧ ｛ Here we are「さあ、ここです」
　　　Here you are「さあ、どうぞ」

✤解答✤
all means

Why
let's

Far / from
in / least

Yes / have

away

from
comes / from

⑦ Here / are
⑧ Pass
　 trouble
　 Here / are

練習問題

✿ ( ) に適語を入れよ。選択肢のある場合は正しいものを選べ✿

① Give me something to write with.
 （何か書くものをちょうだい）
 (　) this (　), or that ?
 （これでいい？ それともこっち？）
 Either (　) (　). ※上と同じ語を入れる。
 = It (　) no (　) to me.
 （どっちでもいいよ）

② Be (　) to (　) us up when you come this way.
 = Don't (　) to (　) in (　) us when you come this way.
 （こちらにお出かけの節にはぜひお立ち寄り下さい）

③ Kazuko didn't (　) up to our hopes.
 （和子は私たちの期待に応えられなかった）

④ What on (　) do you want to speak about?
 = What in the (　) do you want to speak about?
 （君はいったい何が言いたいのか）

⑤ It (　) him right that he failed in the exam.
 （彼が試験に落ちたのはいい気味だ）

⑥ (　) (　) for today.
 （今日はこれでおしまい）
 (　) (　) for the outline. Now, what about the details ?
 （概要はそのくらいでいいから、細かい点はどうなの？）
 Tom arrived late again — (　) (　) for his punctuality.
 （トムのやつは、また遅刻した。あいつの時間厳守なんてそんな程度だよ）　※各文に同じ語を入れる。

10時間目　必勝問題

❖ヒント❖

①

② be sure ⎫ to V ＝「必ずVする」
　 never fail ⎭

③ live up to ～「～に応える」

④ on earth ⎫「いったい、ぜんたい」
　 in the world ⎭

⑤

⑥ so much for ～「～はもう終わり」

❖解答❖

Will / do
will / do
makes / difference

sure / look
fail / drop / on

live

earth
world

serves

So / much
So / much
so / much

もうひといきです。
おちついて考えてみましょう。
がんばれ　がんばれ。

練習問題

❀ （ ）に適語を入れよ。選択肢のある場合は正しいものを選べ❀

① You're (　　ding).　= No (　　ding).　※同じ語が入る。
（冗談でしょ！）
I (m　　) it.
（本気だよ）

②(　　) it (　　) me.
（僕にまかせておけよ）

③ I'd like to go with you, but I can't. I have to (　　) up [on] my English.
（行きたいけど行けないな。英語の復習をしなくちゃいけないもの）

④ It is (l　　) you to do such a thing.
= It is (c　　) of you to do such a thing.
（そんなことをするなんていかにも君らしい）

⑤ (①Go ②Come) this way with me.
（僕といっしょにこっちへおいで）
Can I (①go ②come) to your party？
（そちらの君たちのパーティーへ行ってもいいかい）
I'm (①going ②coming) [to you] soon.　= I'll be (　　) you soon.
（すぐそちらへ行きます！）
I must be (①going ②coming) now.
（もう、帰らなくちゃ）

⑥ (　　) [and] (　　) (　　) Akiko is still there.
（明子がまだいるかどうか行って見てきてよ）

⑦ He was in a (　　).　= He was in (　　).
（彼は急いでいた）

10時間目　必勝問題

✤ヒント✤
① kid「子供」「冗談を言う」
　kidding「冗談」

②

③

④

⑤

⑥ go and see「行って見る」
　still「まだ」

⑦ in a hurry ｝「急いで」
　in haste
　make haste ｝「急ぐ」
　hurry up

✤解答✤
kid(ding) / kid(ding)
mean

Leave / to

brush

like
characteristic

②Come
②come
②coming
with
①going

Go / see / if

hurry
haste

この次は必ず
「英検2級サクセスロード」
でお会いしましょうね。

練習問題

❧ ( ) に適語を入れよ。選択肢のある場合は正しいものを選べ❧

① ( ) is ( ) Ken was fired from his job.
  (こんな訳で、健はクビになったんだよ)

② I ( ) ( ) eyes.
  (目が痛むんだよ)

③ Well, ( ) me see. Where did I leave my money?
  (ええと、どこへお金を置いたんだっけ)

④ I ['ll] (b) Kiyoshi ( ) up before nine.
  (きっと清志は九時前には現れるよ)

⑤ ( ) ( ) he is ill. = ( ) ( ) he is ill.
  ( ) ( ) bad.
  (彼は病気だそうです。それはいけませんね)

⑥ I ( ) your ( ). = ( ) me.（上昇調で言う）
  (何とおっしゃいましたか)
  I ( ) your ( ). = ( ) me.（下降調で言う）
  (ごめんなさい)   ※上下とも同一の語が入る。

⑦ ( ) ( ) calling up Mariko?
  = ( ) ( ) calling up Mariko?
  = ( ) ( ) call up Mariko?
  = ( ) ( ) you call up Mariko?
  = ( ) ( ) you ( ) to calling up Mariko?
  (真理子に電話をかけたらどう)

⑧ Hiroshi has a new girlfriend. No ( ) he looks happy.
  (弘には新しい彼女がいる。どうりで嬉しそうに見える)

✤ヒント✤

① why の直前に the reason が略されている。

②

③ let me see「ええっと」

④ I will bet「きっと」
turn ⎱ up = appear =「現れる」
show ⎰

⑤ They say ⎱ that ～「～らしい」
 I hear ⎰ 「～と言われている」
　　　　　　 「～という噂だ」

⑥ 決まり文句として覚える

⑦ 書き換えパターンとして覚える
call ⎱ up ～「～に電話をかける」
ring ⎰

⑧ no wonder「どうりで」

✤解答✤

This (or That or It)
why

have / sore

let

bet
turns (or shows)

They say
I / hear / That's / too

beg / pardon / Pardon
beg / pardon / Pardon

What / about
How about
Why / not
Why / don't
What / do / say

wonder

練習問題

❖ (　) に適語を入れよ。選択肢のある場合は正しいものを選べ ❖

① (　) my (　) home, I (　) (　) in a shower and (　) (　) to the (　).
（家に帰る途中で、にわか雨に会い、びしょぬれになってしまった）

② I (　) (　) Reiko every week, but I haven't (　) from her for a long time.
（毎週、麗子に手紙を書いているが、長いこと彼女から便りがない）

③ Yukie is (　ing) in psychology.
＝ Yukie is (　ing) in psychology.
（幸恵は心理学を専攻している）

④ Yoko always (g　) good (g　).
（洋子はいつも良い成績をとる）

⑤ Takuya is (c　) about that girl.
（拓也はあの子に夢中だ）

⑥ (　) for cars.
＝ (　) (　) to cars.
（車に注意しなさい）

⑦ I'd (　) you (　) go and get some beer.
（君にビールを買ってきてもらいたい）

⑧ [The] (　) are that he is seriously injured.
（ひょっとすると彼は重傷かもしれない）

⑨ Are you (　) with your dictionary?
（辞書はもう使い終わりましたか）

10時間目　必勝問題

❖ ヒント ❖

① on one's way ~「~への途中」
　be caught in a shower
　　　　　　　　「にわか雨にあう」

② write to ~「~に手紙を書く」
　hear { from ~「~から便りをもらう」
　　　 { about ~「~について聞く」

③ major　　　} in ~「~を専攻する」
　specialize }

④

⑤

⑥

⑦

⑧ The chances are that ~
　　　　　　　「~かもしれない」

⑨

❖ 解答 ❖

On / way
was / caught
got / wet / skin

write / to / heard

major(ing)
specializ(ing)

gets / grades

crazy

Watch (or Look)
Be / careful

like / to

chances

through

練習問題

❖ (　) に適語を入れよ。選択肢のある場合は正しいものを選べ ❖

① They (　) to the plan.
 = They (　)(　) to the plan.
 = They didn't (　) to the plan.
 (彼らはその計画に反対だった)

② Emiko is all (　) when (　) comes (　) sewing.
 (縫い物となると恵美子は不器用である)

③ Please (　)(　) to the wine.
 (ワインを自由にお飲み下さい)

④ It started at eleven o'clock (s　　).
 (それは11時きっかりに始まった)

⑤ (　) is (　) Shingo started the machine.
 (そんなふうにして、慎吾はこの機械を動かした)

⑥ (　) is the (　) with you?
 = Is (　) the (　) with you?
 (Cf.) the (　) = (　)
 (どうかしたの?)

⑦ Let's stop chattering and (　) down (　) the topic of our meeting.
 (無駄話はやめて、会議の本題にとりかかりましょう)

⑧ I had great (　) [in] finding Hideko's house.
 (秀子の家を見つけるのに、とても苦労した)

⑨ I don't smoke. Thank you (　) the (　).
 (煙草は吸わないんです。でもありがとうございます)

✤ヒント✤

① object ⎫ to ~「~に反対する」
　be opposed ⎭

② all thumbs「不器用で」
　when it comes to ~
　　　「~のことになると」

③ help yourself to ~「~を自由に取る」

④

⑤

⑥ what is the matter with you?
　= is anything the matter with you
　=「どうしたのですか」

⑦

⑧ have difficulty in Ving
　　　「Vするのに苦労する」

⑨

✤解答✤

objected
were / opposed (against)
agree

thumbs / it / to

help / yourself

sharp

That (or This)
how

What / matter
anything / matter
matter / wrong

get / to

difficulty (or trouble)

just (all)/ same

尾崎哲夫(おざきてつお)　Tetsuo Ozaki

　1953年大阪生まれ。1976年早稲田大学法学部卒。松下電送機器(株)を経て、2000年早稲田大学大学院アジア太平洋研究科修士課程修了。現在、近畿大学経済学部教授。
　著書に『ビジネスマンの基礎英語』〈日本経済新聞社〉／『海外個人旅行のススメ』『海外個人旅行のヒケツ』『中学生の英語』〈以上、朝日新聞社〉／『法律英語入門』〈自由国民社〉／『大人のための英語勉強法』『TOEICテストを攻略する本』〈以上、ＰＨＰ研究所〉／『英検サクセスロード』(各級)『英検エクスプレス』(各級)〈以上、南雲堂〉がある。
http://www.ozaki.to

英検準2級サクセスロード　CD付　〈改訂新版〉

2001年 7月 5日　　1刷
2005年 6月21日　　2刷

著　者　　　　尾　崎　哲　夫

発行者　　　　南　雲　一　範

印刷所　　　　誠志堂印刷株式会社

製本所　　　　有限会社　松村製本所

発行所　　　　株式会社　南　雲　堂
　　　　　東京都新宿区山吹町361番地／〒162-0801
　　　　　電話　東京 03 (3268) 2311 (営業部)
　　　　　　　　東京 03 (3268) 2387 (編集部)
　　　　　振替・00160-0-46863 ﾌｧｸｼﾐﾘ・03(3260)5425

Printed in Japan　　　　　　　　　　　　〈検印省略〉
乱丁・落丁本はご面倒ですが小社通販係宛ご送付下さい。
送料小社負担にてお取替えいたします。
ISBN4-523-26392-3　C0082　〈1-392〉

E-mail：nanundo@post.email.ne.jp
URL：http://www.nanun-do.co.jp

A Shorter Course in Qualification
5分間英語検定†
TM有 A5 (48) 本体900円 テープ1
同志社大学 石黒 昭博・山内 信幸／岡山理科大学 畠中 康男
各種の英語検定試験に備える速習教本。

10日間完成英検準1級 一次試験対策 (解答付) CD付
ECC編　A5 (176)　本体1600円
最新出題傾向に合わせ、オリジナル問題を収録した問題集。短期間で自分の弱点を発見し、補強できるよう構成。最終章は模擬試験形式なので試験前の仕上げ学習に最適。

7日間完成英検準1級 二次試験対策 (解答付) CD付
ECC編　A5 (128)　本体1500円
面接問題にターゲットを絞った教材。面接で多く用いられる題材を取り上げ、丁寧な解説をつけた。付属のCDでリスニング力を上げつつ、本番さながらの試験を体験できる。

英検準1級対策模擬テスト 1次・2次試験 (解答付) CD付
神田 弘慶　A5 (140)　本体1400円
4回分のテストと詳しい解説をつける。筆記テストの傾向と対策・リスニングテストの傾向と対策・面接テストの傾向と対策。

英検準1級サクセスロード (解答付) CD付
尾崎 哲夫　A5 (154)　本体1500円
「黒板」や「メモ」を使い、授業のような語り口調で丁寧に説明。文法項目ごとの章立てで、苦手な項目を何度もチェックでき、ムリムダのない効果的な学習ができる。

英検準1級エクスプレス (解答付)
尾崎 哲夫　四六 (170)　本体952円
短期間に総仕上げができるように、出題されやすい問題をパターン別に列記した問題集。巻末の頻出ポイントは試験の直前に必読。自分の実力を試したい方におすすめ。

10日間完成英検2級 一次試験対策 (解答付) CD付
ECC編　A5 (182)　本体1600円
最新出題傾向に合わせ、オリジナル問題を収録した問題集。短期間で自分の弱点を発見し、補強できるよう構成。最終章は模擬試験形式なので試験前の仕上げ学習に最適。

7日間完成英検2級 二次試験対策 (解答付) CD付
ECC編　A5 (128)　本体1500円
面接問題にターゲットを絞った教材。面接で多く用いられる題材を取り上げ、丁寧な解説をつけた。付属のCDでリスニング力を上げつつ、本番さながらの試験を体験できる。

英検2級対策模擬テスト 1次・2次試験 (解答付)　CD付
神田 弘慶　A5 (140)　本体1400円
4回分のテストと詳しい解説をつける。筆記テストの傾向と対策・リスニングテストの傾向と対策・面接テストの傾向と対策。

英検2級合格マニュアル [改訂版] (解答書着脱可)
市村 憲太郎　A5 (222)　本体1165円
合格の秘訣を短期間で取得できるよう、工夫された攻略本。英検の「急所」をポイント解説。問題演習で確実に力をつけることができる。英検のリーディング対策には最適の書。

英検2級サクセスロード (解答付)　CD付
尾崎 哲夫　A5 (158)　本体1500円
「黒板」や「メモ」を使い、授業のような語り口調で丁寧に説明。文法項目ごとの章立てで、苦手な項目を何度もチェックでき、ムリムダのない効果的な学習ができる。

英検2級エクスプレス (解答付)
尾崎 哲夫　四六 (216)　本体951円
短期間に総仕上げができるように、出題されやすい問題をパターン別に列記した問題集。巻末の頻出ポイントは試験の直前に必読。自分の実力を試したい方におすすめ。

10日間完成英検準2級　一次試験対策 (解答付)　CD付
ＥＣＣ編　A5 (192)　本体1600円
最新出題傾向に合わせ、オリジナル問題を収録した問題集。短期間で自分の弱点を発見し、補強できるよう構成。最終章は模擬試験形式なので試験前の仕上げ学習に最適。

7日間完成英検準2級　二次試験対策 (解答付)　CD付
ＥＣＣ編　A5 (112)　本体1500円
面接問題にターゲットを絞った教材。面接で多く用いられる題材を取り上げ、丁寧な解説をつけた。付属のＣＤでリスニング力を上げつつ、本番さながらの試験を体験できる。

英検準2級対策模擬テスト 1次・2次試験 (解答付)　CD付
神田 弘慶　A5 (140)　本体1400円
4回分のテストと詳しい解説をつける。筆記テストの傾向と対策・リスニングテストの傾向と対策・面接テストの傾向と対策。

英検準2級合格マニュアル (解答書着脱可)
市村 憲太郎　A5 (204)　本体971円
合格の秘訣を短期間で取得できるよう、工夫された攻略本。英検の「急所」をポイント解説。問題演習で確実に力をつけることができる。英検のリーディング対策には最適の書。